金苹果
GOLDEN APPLE

棒棰岛·"金苹果"文艺丛书

刘美华

LIU MEIHUA

滕贞甫 主编

大连出版社
DALIAN PUBLISHING HOUSE

© 滕贞甫 2015

图书在版编目（CIP）数据

刘美华 / 滕贞甫主编. —大连：大连出版社，2015.12（2024.8 重印）
（棒棰岛·"金苹果"文艺丛书）
ISBN 978-7-5505-1013-5

Ⅰ．①刘… Ⅱ．①滕… Ⅲ．①刘美华—生平事迹
Ⅳ．① K825.78

中国版本图书馆 CIP 数据核字（2015）第 314071 号

策划编辑：张　波
责任编辑：金　琦
装帧设计：蓝瑟传媒（大连）有限公司
责任校对：彭艳萍
责任印制：刘正兴

出版发行者：大连出版社
　　　地　址：大连市西岗区东北路 161 号
　　　邮　编：116016
　　　电　话：0411-83620573/83620245
　　　传　真：0411-83610391
　　　网　址：http://www.dlmpm.com
　　　邮　箱：dlcbs@dlmpm.com
印　刷　者：三河市双升印务有限公司

幅面尺寸：170mm×230mm
印　　张：9.25
字　　数：111 千字
出版时间：2015 年 12 月第 1 版
印刷时间：2024 年 8 月第 2 次印刷
书　　号：ISBN 978-7-5505-1013-5
定　　价：68.00 元

版权所有　侵权必究
如有印装质量问题，请与印厂联系调换。电话：15100673332

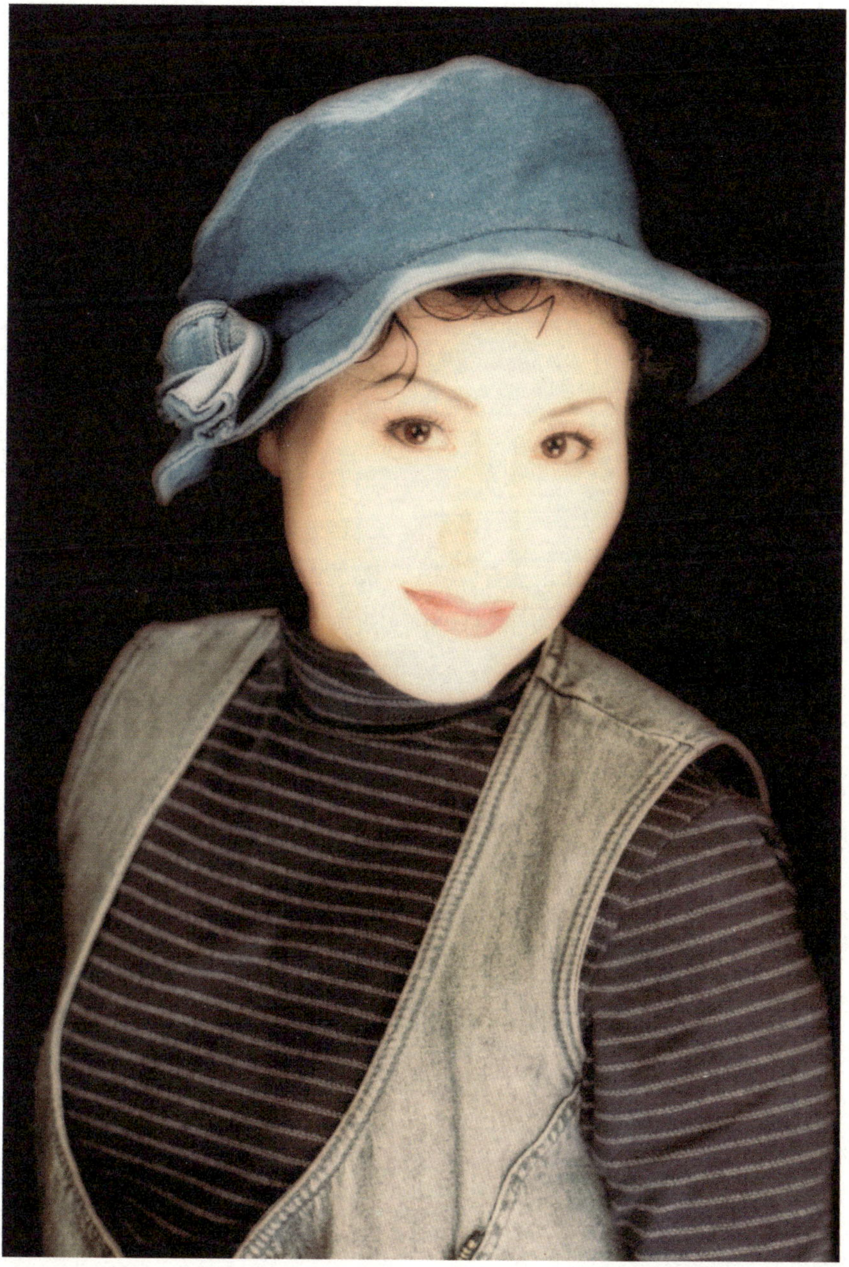

刘美华

1954年1月出生于大连，籍贯山东栖霞。大连话剧团国家一级演员，中国戏剧家协会会员，辽宁戏剧家协会理事，大连市戏剧家协会顾问，大连市第九、十、十一届政协委员。

在艺术生涯中成功地塑造了三十余个风格迥异的艺术形象，主演的独角戏《勾魂唢呐》应文化部邀请两次进京展演，引起轰动。

曾荣获第十四届中国戏剧梅花奖（现称"中国戏剧奖·梅花表演奖"），第三届中国话剧金狮奖，辽宁省第三、六届文化艺术节优秀表演奖，辽宁省第五届戏剧玫瑰奖，东北三省戏剧小品大赛明星奖，第九届大连市政府文艺最高奖"金苹果"奖，大连市三八红旗手，大连市劳动模范等奖项二十余项。

目录 Contents

● **苦乐人生** 001

　　挑挑拣拣的记忆 002

● **慧眼识珠** 043

　　《勾魂唢呐》进京演出座谈会发言摘编 044
　　在舞台寻找命运的机缘
　　　　——记大连话剧团演员刘美华 058
　　只有一个角色的大戏
　　　　——观话剧《勾魂唢呐》 063
　　掌声响起来
　　　　——访第十四届梅花奖获得者
　　　　　　话剧演员刘美华 068
　　独角戏《勾魂唢呐》的新、奇、特 075
　　面对挑战
　　　　——谈刘美华在《勾魂唢呐》中的表演 077

一个特异的戏剧形象
　　——评独角戏《勾魂唢呐》················080
话剧舞台的"黑马"··························082
老经典：话剧《勾魂唢呐》 一人一台戏 一晚演一生
　　——陈慕华高度评价该剧"新、奇、特"········089

春华秋实 ································095

多彩的人生·多彩的舞台······················096
眼睛、语言——心灵的窗户、思想的通途
　　——《勾魂唢呐》表演体会················099
永远勾魂的唢呐
　　——独角戏《勾魂唢呐》的表演感受··········103
作品展示··································112
艺术年表··································136

苦乐人生

一个似乎遥远的幻事发生在一个对它向往已久的女人面前,中国戏剧表演艺术最高奖"中国戏剧梅花奖"（现称"中国戏剧奖·梅花表演奖"）颁给了我。这是真的吗？我狠狠地在我的胳膊上叉（咬的意思）了一口,这一叉,把我哭中带笑的泪水叉出来了,把我对同志们的感恩叉出来了,把我对丈夫的"埋怨"叉出来了,把我对刘导批评的理解叉出来了,把我对"不要那个脸了"的感谢叉出来了……

挑挑拣拣的记忆

人的一生经历的事实在太多了,但真要提起笔来,却又不知从何写起,干脆想到哪儿写到哪儿吧,这只是我人生经历的片段的连缀,也只能算作是挑挑拣拣的记忆了。有人说日子是生活,有人说日子是阅历,有人说日子是人生……说是什么都行,反正都是实实在在的人和事。

我啊,好像没有小名,1954年出生于大连(当时叫旅大市),人家小孩儿都有个小名什么的,我没有,好像爹妈给忘了,或是哥哥姐姐们给疏忽了,反正我没有。没有也好,后来听老人说,起个小名什么的就是为了好养活,比如说"狗剩""狗娃"什么的,我也说不清楚。我一个老丫头(我们东北人一般把最小的叫"老"),那么爱俊、爱浪(爱美、爱打扮的意思),叫"美华"多好呀,还有比这名字更好听的吗?亏得没有小名,要不叫着叫着就叫成外号了。

也不知道我是生不逢时,还是就不该生出来,因为我爹妈已经大大小小男男女女生了五个了,我排行第六。为什么说生不逢时呢?我刚记事的时候没记得什么,就知道饿,就寻思怎么就没有一顿饱饭吃呢。我的小脸蜡黄,小胳膊精细,小脚不大点儿,要搁旧社会都不用缠足了。跟伙伴跳个方、踢个毽、跳个绳什么的,动不动就倒地上了。当时我家生活条件很不好,我的老家在山东省

五岁留影

栖霞市小夼村,离烟台市六十里地,离高疃镇五里地,如今那里还有我哥姐三个,他们都是农民。我父亲留在老家照看他们,我母亲带着我们哥姐仨在大连,老两口为了孩子们分居两地。当时我还小,什么也不懂,不懂归不懂,我有时也帮着家里分点儿忧。当时我家对门有个馆子,名挺大,叫"星火饭店",饭店后院有个巨大的泔水缸,缸很深,比我高,泔水里经常有些骨头什么的,我就踩着大石头,拿着大笊篱捞缸里的骨头,晒干了好卖钱(那个年代收破烂儿的也收骨头)。有一次,我一下子把脚下的石头跐倒了,一屁股坐到了地上,大笊篱一下扣到我头上,黏糊糊、臭烘烘的泔水哩哩啦啦浇我一脸一身,亏得是掉在缸外面,这要是掉缸里,没有司马光恐怕小命早没了。馆子里的大师傅好像知道我这个小黄毛丫头是谁家孩子,把我妈和我二姐(二姐大我十几岁)喊来了。我妈和二姐连拖带拽把我弄回家,一顿

狂洗。她们的眼泪合着我身上的臭水吧嗒吧嗒往下掉。我妈朝我脑袋一顿打——不知为什么她老愿意打我头,我真怕把我打傻了。从此,我再也不敢接近那个泔水缸了。

后来,上学了,在中山区永和小学,也不知怎么的,学习不怎么样,一天到晚就知道哼哼歌,两根小细腿和像葱一样的小细胳膊就随着自己哼哼的歌瞎蹦跶、瞎比画。那时,劳动公园美丽的荷花池畔有一个少年宫,每到晚上和周末,那里舞蹈翩翩,歌声嘹亮,我羡慕毁了,就经常跑去(那时也没听说有拐卖孩子什么的,家长也放心——其实,也是孩子多,管不过来)趴在窗台上看。有时,少年宫的老师看见了,一吓唬,我就和其他偷看的孩子作鸟兽散。有时回家晚了,二姐就问我上哪儿啦,我就怯生生地说去少年宫看跳舞、听唱歌了,我姐没吱声,后来,我知道原因了——她也爱好啊!有一次,赶上少年宫招生,二姐就把我领去了。没想到我原来是个刘大胆儿啊!我什么都没在乎,一顿瞎比画,瞎唱,都忘了当时唱的什么歌、跳的什么舞了,可能也算不上舞,偏偏就被吕道义老师选上了。

学生时代

我当时傻呵呵的，可把我二姐乐坏了，出了少年宫的门她赶紧领着我到一个小铺里买了一毛钱的糖豆（当时，一毛钱可以买十块糖豆），奖励我五块糖豆，另五块捎给妈妈和哥哥了。为这事二姐还挨我妈好顿骂：真尬事（舍得的意思）花钱！从那以后，少年宫每次举办活动的时候，在众多的"小嘚瑟（得意、炫耀的意思）疯"里又多了我一个。还别说，我去参加活动没几天，就被选进由十一个人组成的小合唱队了，不久，还被班级选上当了个不大不小的红领巾加两道杠的文体委员。

十五岁留影

当时，我们每逢周六就要到我市最高级的剧场——人民文化俱乐部——为外国人演出，我们唱《美丽的哈瓦那》。我每周都盼着周六这一天，十八点演出我十四点就到了，生怕落下。因为发东西吃啊！两个面包一根肠，在当时那可是大餐哪！还能带回去给妈妈和哥姐们改善一下。我二姐当时在海港俱乐部上班，经常下班很晚，但也能经常给我带个火烧什么的，大夏天的，我就坐在道牙子上等，抻着脖子望着二姐下班的方向。有一次，等得实在憋不住了，把裤子都尿湿了，真是难以启齿啊！为了吃，为了一个火烧啊！

哪个小姑娘不爱美，哪个小姑娘不爱俊，可是我家家境不

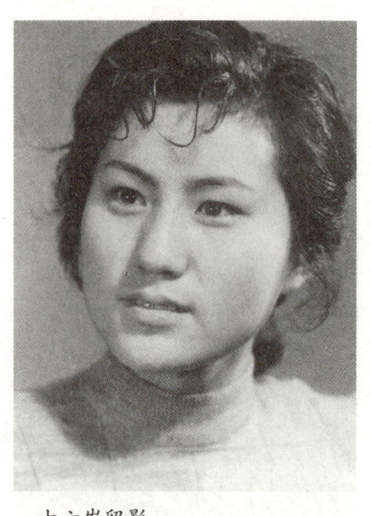

十六岁留影

好，妈妈为了补贴家用，就给人家看小孩儿，我给那小孩儿唱歌听，给他跳舞看，逗得孩子嘎嘎乐，小脸红扑扑的，孩子他妈很高兴就送给我妈一块花布，我妈就给我做了件花衣裳。哎呀！这下可把我乐乱套了，对着镜子好顿照，美的呀！走路穿，上学穿，睡觉穿，就是妈妈给洗了，挂在绳子上，我也得坐在小马扎子上哼哼着歌，边唱边看，生怕丢了。

　　后来，一件史无前例的事开始了，而且是如火如荼地开始了，铺天盖地呀！我当时小不懂事，小学还没念完，反正就知道事挺大，弄得满哪儿都是，课停了，书也不念了，试也不考了，满街都是花花纸，不过年、不过节的还经常能听到鞭炮响，到处都是唱歌跳舞的，可把我乐坏了。我妈和我二姐就吓唬我，说小姑娘家不准出去满街跑啊，别叫鞭炮崩着！我也老实，一吓唬就不敢出去了。可心里急啊！不让出去看唱歌跳舞得憋死人啊！于是一天到晚缠着二姐，二姐无奈之下有一次就要领我去看节目。小姑娘出门要打扮打扮，爱俊嘛，二姐就用火剪子给我烫瓦瓦檐儿（刘海），烫瓦瓦檐儿得老实点儿呀，我不老实，乱动，一下把二姐手里的火剪子碰掉了，那火剪子也不客气，顺带把我的脸烫了个疤——到现在还能看出来。最后节目也没看成，我倒没咋的，把二姐心疼得眼泪直掉。直到现在二姐还时不时下意识地瞅瞅我那被火剪子烫的疤呢。

如火如荼的事越来越大了，闹得"也有两只手"的城里人也要折腾了，满街都是"我们也有两只手，不在城里吃闲饭"的标语。我妈响应号召带着我们离开二姐，离开大连，要乘船回山东老家去。二姐是海港职工，她一直把我们送到船根儿底下，搂着我不撒手啊！我和我妈泪眼婆娑，我们登船后，看到二姐背过身去不看我们，我就喊"二姐！二姐！"这时正好轮船离港的汽笛响了，只见二姐回过身来，一屁股坐在地上，双手捂着脸。船渐行渐远，泪流满面的我已看不清坐在地上的二姐了，懵懵懂懂地就随着母亲回到了老家山东省烟台市栖霞县小夼村，还是个初中生的我也在此落户了。

我老家附近有个福山县，福山县这个地方名气不大，不像兰考啊，大寨啊在当时妇孺皆知，但要是提起一种菜系，那这个地方应该也是可以的。中国四大名菜之一的鲁菜其实就是福山菜，就更别提福山面了。我们村边上有一条河叫白杨河，我也不知道它为啥叫白杨河，可能是因为河套边上净长些高大的白杨树而得名的吧。清澈的河水里小鱼小虾就像在鱼缸里游弋，那水很干净，有时渴了喝上一口甜甜的，嗓子顿时润润的。儿时无痛苦，天塌下来有大人顶着。看着这好山、好水、好庄稼，呼吸着带着绿草

十七岁留影

二十岁留影

味的好空气，我好唱好跳的劲儿又上来了，一会儿唱唱《南泥湾》，一会儿唱唱《洪湖水浪打浪》，再一个就是《三英战吕布》啦。我在河边就唱"一条大河"，在麦田里就唱"麦浪滚滚"，上山割草就唱《草原英雄小姐妹》，跟着大人到田里收地瓜边挥着挠钩子边唱"打不尽豺狼决不下战场"。有一次在河边洗衣裳，也是瞎嘚瑟唱，衣服和棒槌都随水漂走了还不知道，这可把旁边洗衣裳的那些大婶大嫂们乐得呀勾勾腰了。在河边捡粪的一个老头儿拿着粪叉子把衣裳挑给我说："喏，给你，小姑娘，你早晚能被挑走。"

挑走？你还别说，我还真被挑走了，不是因为唱歌跳舞被当时几乎所有的年轻人都向往的部队、文工团什么的挑走，而是因为我二姐生小孩儿了，我被我二姐挑回大连帮她看小孩儿。其实，我一个初中生也是个孩子，但那时一般家庭就当大人用了，小孩儿看小孩儿，毕竟也是长辈呀！我抱着、领着、看着、哄着，尤其经常唱个歌什么的，把小外甥逗得嘎嘎乐——要不现在我外甥为啥就对我这个小姨好呢。

但是，你还别说，我还真被挑走了，这回是真的。我二姐在的那个大连海港俱乐部经常搞个文艺演出什么的，于是就成立了个文艺宣传队，二姐也在里面唱歌，经常下基层演出，她有时也领我去玩。我嘚瑟，就跟着唱、跟着跳，一不小心就被二姐在大连电业局文艺宣传队的一个朋友看中了，说："你就跟着俺演出得了。"我那个乐啊！抱着二姐转了好几圈。二姐放开我说："轻点儿嘚瑟！我还没同意呢。"啊！我眼圈里含着眼泪，嘴唇都哆嗦了。二姐莞尔一笑："看把你吓的！好，跟着去吧，但我得好好教教你，唱出个样儿来，别给我丢人。"什么丢人不丢人的，有地方让我唱、让我跳就行，还能跟着到处溜达玩，就这样，我进宣传队了，以后也能跟着演出了。二姐手把手地教，加上我这个爱好劲儿，我唱着唱着还唱成主唱了。宣传队决定要我演《洪湖赤卫队》里的女英雄、女一号韩英，唱《看天下劳苦大众都解放》。我跟二姐说："能行吗？我可不识谱啊！"二姐打

在大连市电业局文艺宣传队时的演出剧照

第一次上台亮相

了我一巴掌："小样，来真的了，还矜持啦！回家练、多模仿、多听电匣子（即收音机，旧时称呼），我不信就凭咱家小老姑娘这个灵劲儿，还能唱不好？"唉！我可不怎么灵，我倒觉得我挺笨的。不是说笨鸟先飞吗？我还真就回家练、多模仿、猛听电匣子，弄得慢慢有模有样了。乐队合乐开始了，可是我不识谱，我看着指挥台上那个总谱，心想，这真是一片小蝌蚪，什么乱七八糟的玩意儿。我有点儿蒙了！不过，不知是我耳朵好用，还是我练得仔细，第一次合乐只是稍微地打了几个奔儿，竟然合过去了。就要演出了，也不知道是练大劲儿了，还是紧张，还是咋的，我的高音不行啦，劈叉了。但我还得继续唱，因为演出的日子不能改呀！演出开始啦，报幕员在报幕，我抱着二姐的腰，两条腿直打战，二姐一巴掌把我推了出去，我一个趔趄，刚到台上，前奏就结束了，没站稳就开始唱了，什么观众啊，乐队呀，全都不知道，就模模糊糊地看见乐队指挥的两只手在那儿晃动。我用余光瞄着他的两只手，好不容易把《看天下劳苦大众都解放》唱了下来。就在我刚松口气的时候，哗，掌声响起来了，还挺热烈的（那时可没有掌托儿啊），把我弄蒙啦——唱这个样还鼓掌，是真的吗？我向观众行了个礼走到边幕后面，二姐捧着我的小脸激动地说："小妹唱得太好了！好得不像样！"乐队指挥也在远处向我竖起了大拇指。不两天，大连广播电台、街上的大喇叭管子就播放啦，满街都是我那天唱的《看天下劳苦大众都解放》。我还故意到大街上看看听众有没有认出我的，没有，一个都没有，弄得我还挺失落的。后来，中国人民解放军前线广播电台也播放了，我心里可美了。

后来，还真有来挑我的了。是部队，听说海军、陆军、空军好几家，他们大多是听了中国人民解放军前线广播电台的广播找来的。他们先是找到大连电业局，一打听这个小姑娘户口不是大连的，而是山东农村户口，人事关系也不在大连电业局，于是就跑到我山东老家。在村里或生产队，他们全部都是兴高采烈大步流星地去，步履沉重灰头土脸地回——我挑不走了，原因是政审不合格！我彻头彻尾地撒丫子大哭了好几场，我想要是能穿上那军装该有多"姿势"（有派头、有气场的意思）呀！我觉得自己的人生就这样完了，我心里甚至都开始恨起我的父母了。

那句古诗说得好，"山穷水复疑无路，柳暗花明又一村"。可不，这回我真是被挑走了。大连电业局要我了，他们要把我变成他们的正式职工。当工人的政审就没那么严格，局里马上批了。于是电业局就派人事干部到我老家去办手续。那时，从农村往城里调，手续也挺繁杂的，其中有一样手续挺费劲，就是迁移证，这证，村里说了算。哎呀！村里可说了算一把啦。迁移证一下，我就回城了，我成为大连电业局的正式职工了，成为城里人了！在大连电业局，我可正式地开唱了，到处表演，还糊里糊涂

大连话剧团在海岛部队演出

地成了一个不知道是不是话剧的《电力风云》里的主演，好一通嘚瑟。嘚瑟，嘚瑟，大连歌舞团要我了；嘚瑟，嘚瑟，大连话剧团要我了。

这回麻烦了，该我挑了。去大连歌舞团，轻车熟路去了就能演；去大连话剧团，一切得从零开始。话剧？我还是个门外汉。正纠结的时候，二姐来建议了：还是去话剧团吧，歌舞团吃的是青春饭，老了怎么办？话剧团吃的是一辈子饭，年轻时可以演年轻人，中年时可以演少妇，老了可以演老太太。于是我选择了大连话剧团，迈出了我人生中举足轻重的一步，走上了当时觉得能吃一辈子饭的戏剧之路。

大连话剧团，历史悠久，积淀深厚，剧目繁多，群英荟萃，我不知所措战战兢兢地来到了这座艺术圣殿。

大连话剧团坐落在原鲁迅公园附近的一个绣花厂和五金交电商场之间的一个三角地带内,是日本人撤走后留下的一个剧场,后来听说还有一部分在南山上一座庙里,这个庙也是日本人建的。1979年10月的一天,二十五岁的我要去大连话剧团上班了,也不知怎么了还冒着汗,我推开话剧团的玻璃门,怯生生地问了门卫一句不该问的话:"这是大连话剧团吗(我来话剧团考过试啊)?"门卫一听:"怎么不是,你没看见门口的大牌子啊?"我回答:"看见了。"门卫:"看见了还问?进去吧!"他话说得挺冲,事办得也挺利索(大连人的特点)。这就进来了?正式进话剧团了?话剧团的走廊黢黑,地溜滑,正蒙着呢就听见那边呜嗷的吵闹声,我顺着声音从一个门缝朝里望去,原来,这里有人在排练。舞台(当时,大连话剧团没有排练场,就在舞台上排)上有五个人,三个男的两个女的,好像在吵架(后来知道他们扮演的是《雷雨》中的老爷、繁漪、大少爷、二少爷和四凤),摔碟子摔碗的。我正看着来劲儿呢,身后一个沙哑的声音响起:"看什么呢?"我一个激灵回过身来,一个精瘦的小老头儿眼睛瞪得老大,手里拿着一个水杯,站在我面前。"你是不是

大连话剧团《赵钱孙李》剧组合影

刘美华？"老头儿说。我说："是。"老头儿说："到里边去看吧。"说完就走了。我就悄没声地在观众席的最后一排坐下了。这时只见刚才那个老头儿走到舞台上大声问："刚才那个小姑娘呢？"我怯生生地站起来，"过来，上台来，我介绍一下，这就是刚从大连电业局调来的刘美华，现在，你就到后面去唱歌。"啊？来了就唱歌？我这正嘀咕着，老头儿的声音又传来："你就唱《月儿弯弯照九州》，由近到远了唱，再由远到近了唱。"于是我就到后台唱歌了，为什么唱我也不知道，反正是一会儿大声一会儿小声，一会儿小声一会儿大声。"不行，要走动地唱，从近走到远，再从远走到近。"然后，我就从边幕条走到后台，再从后台走到边幕条那么唱。"哎！这就对了，知道为什么吗？以后告诉你。"我蒙了。后来《雷雨》演出了，每到第三幕我就从边幕条走到后台，再从后台走到边幕条那么唱。这就是我进话剧团演的第一个不露脸的角色。后来一打听，才知道那个小瘦老头儿原来就是大名鼎鼎的大连话剧团著名导演、艺术家王成斌。

话剧《救救她》开演了，几乎全国都在演，那时也不知道是咋回事，一弄个什么戏，满哪儿都演。这不，大连话剧团也排演了，而且还挺火，后来又要拍一组戏，一个队演不过来了，领导就要我演里边的女一号李晓霞。哎呀！我才刚来，这怎么能行呢？于是我找到领导，想推辞不演。王成斌导演说："小丫头，你就拿出你在'业余'时的闯劲儿来，我信任你。"有了导演这句话，我就豁出去了。没想到，一个李晓霞竟然演了一百六十八场，到现在我也想不出来当时那股猛劲儿是从哪儿冒出来的。

有了《救救她》之后，我又演了不少有词的、没词的、唱的、跳的、丑的、俊的、老的、少的、不大的、不小的角色，沉醉其中，乐此不疲，晃悠晃悠，好几年过去了。

刚进入20世纪90年代，团里破天荒地要送几个演员到高等院校去学习，我就被派送到上海戏剧学院表演系进修。我很纠结，当时我母亲刚去世，我的孩子还小，才三岁，丈夫在大连造船厂工作，平时很忙，我怎么去呀！我在家抱着孩子，看着母亲的遗像，望着在厨房忙活的丈夫的后背，不禁长叹一声。丈夫听见我这一声叹息，回过身来："好事来了你还叹气？"我说："怎么去？"我丈夫说："怎么不能去？"我没再吱声。谁知我那彪老公斩钉截铁、外带温柔地说："刘美华！你一

话剧《赵钱孙李》（饰钱芬）

话剧《魂牵万里月》（饰评弹艺人）

话剧《天山深处》（饰咪咪）

定得去，到大学深造一下，家里有我。"他二话没说帮我准备了好几天，又吭哧吭哧和我二姐抱着孩子把我送到去上海的轮船上。轮船离岸时我没敢看他们，我怕看见孩子哭。

到了上海，全新的学习和生活开始啦！一切都不一样，同学们个个都很洋气，个个都是当地的腕儿。学吧，攒吧！能听的课我都去听，人家去过周末，我在教室；人家去跳舞，我在教室；人家去逛街，我还在教室。只有一次没在教室，因为上海的夏天太热了，教室里待不住了，于是我们几个同学就商量着跑到静安寺宾馆大堂去了，那儿有空调啊。我们几个大姑娘小伙子靓啊，几句话就把大堂经理拿下，同意我们在大堂待着，还给我们送水喝。就在这个大堂里，我们同学几个侃出了小品《小镇产房》，参加了江浙沪滑稽戏小品大赛，在一等奖空缺的情况下获得了二等奖。在上海戏剧学院学习时，中央戏剧学院院长徐晓钟教授到学院做院际交流授课，我作为女一号以《但丁街凶杀案》片段做汇报演出。余秋雨教授每周一八点至十一点三十分也给我们上表演理论课，我们每次都要把先生折腾到下午一点左右才结束，没听够啊，并且还要他奖励我们蹄髈汤喝，耍赖呗。

喝蹄髈汤时，有时就会想家想孩子，想大发劲儿时就坐104

路公交车到外滩看水,看着黄浦江的水直奔大海。其间,二姐到上海给我送钱送吃的,我就抱着二姐不让她走。终于等到放假啦,我想孩子想得扛不住了,就花大价钱买了张飞机票,第一次坐飞机飞回家去了。回到家抱起孩子,牙牙学语的孩子还没忘记我这个远在千里、极不称职的妈妈,用地道的大连腔叫了一声"妈妈",当时,我那个泪啊一下子就涌了出来。

两年的学习结束,我回来了,回到大连话剧团。在高等学府"镀了金"的我,回来就被导演黎军选中演一个乡土气息浓郁的小品《杀鸭》。原本去深造之前领导就跟我说:"看你长得钩钩鼻子凹了眼的,去上海就是让你回来演外国戏的。"这怎么刚回来就让我演一个整天和鸭巴子混在一起的农村老娘儿们?这反差也太大了!不过,演吧,还是演吧,其实通过学习,我早已意识到原来那种定位是

话剧《一个死者对生者的访问》(饰唐恬恬)

话剧《迷财呓梦》(饰李小娟)

话剧《今天·明天·后天》（饰寡妇）

一个误区。后来，黎军导演把我们两个演员撺到菜地里对词。我俩坐在垄沟里，旁边那块地种着大白菜，我俩对面堆放着一堆大萝卜，我俩各自拿了一个，用手搓了搓，吭哧吭哧就吃上了。这时，一位大嫂挑着粪桶来浇地，大粪勺子往菜地里一泼，哎呀我的妈呀，这个臭啊！我俩刚站起来要走，那大嫂看我俩嘴里还嚼着萝卜，就说："逮吧逮吧（吃吧吃吧），介（这）东西有的四（是），随便逮，反正都是喂猪的。"说完她笑呵呵地继续用大粪汤子浇地去了。我俩那含有萝卜的嘴半张着，你看着我，我看着你，站在那儿半天没吱声，突然噗的一声，我俩几乎同时把嘴里的萝卜吐了出来，笑得都躺到地上去了。还别说，那大嫂泼泼辣辣、口无遮拦的劲儿，倒是启发了我。

首届东北三省戏剧小品大赛开始啦，我演的这个整天和鸭巴子混在一起的农村老娘儿们,小品《杀鸭》里的老大嫂,获得了本届大赛的明星奖。我还真得感谢那位让我吃猪食、闻臭味的大嫂,这个角色的性格元素,好多都是从她身上学来的。

我们大连有个编剧叫孙建业,笔耕不辍,写了个剧本叫《勾魂唢呐》,也不知怎么了,好几年了放在那儿"睡觉"。1995年,剧团要排这个本子,这个戏就一个角色,讲述了一个女人从少女到九十多岁的老妪的人生经历,准确地说是一个老妪的人生回忆。团里邀请辽宁省著名导演艺术家刘喜廷来排这个戏,并安排年龄较为合适的几个女演员竞演。哎呀妈呀,谁敢演这个戏,就一个人,还是个老太太,谁稀看,还要竞

话剧《没毛狗》(饰二寡妇)

文艺演出

在十八集电视连续剧《天地良心》中任制片主任

争？我二姐也是这话："不稀上吧，人家大都是千军万马的，这戏就一个人，能比过人家吗？咱不争了。"我就打电话给刘导："俺不争了。"可刘导说："你们可以不争，也可以不演，我也可以不导，我回家！"哎呀妈呀！老头儿还生气了。那就争吧，谁知没心没肺地争了一把，最后这个大饼子还是砸我头上了。演，还是不演，想演，还不敢演，我正纠结着，一句话传到我耳朵里来："哼！一个三级演员，不要那个脸了！"有时一句顺毛的话可以使你心里舒服而满足于现状，有时一句戗毛的话让你激奋而意志更坚。我还真得感谢"不要那个脸了"这句话，它给了我动力，它给了我激情，它给了我能量，它动员了我全家的力量。造吧！干吧！我还不信我不能演好！于是，排练场里有我（这是必须的），公园晨练的人群里有我，老太太帮里有我，撞电线杆子的有我，坐公交车坐过站的有我；刘导指导我、呲我、呵护我，同志们陪着我，我二姐每天一个汉堡送给我。我闺女

平时经常闹个病，可为了《勾魂唢呐》竟然不闹病了，也来帮着我。我那憨丈夫小声小气不惹我，就连家中的小狗也经常早早地来挠我提醒我……可我家那四十平方米的房子没有了我擦地的身影，我家那转不过身的厨房里没有了我，那乌泱乌泱的菜市场里没有了我，那领着孩子玩耍、哄着孩子睡觉的妈妈群里没有了我……我一直翻滚在唢呐声中。

获辽宁省戏剧玫瑰奖

　　戏排完了，开演了。舞台上一个女人自斟自饮，忽而少女，忽而中年，一会儿有我，一会儿无我，小小舞台上演了老太太的沧桑人生。勾魂唢呐，唢呐勾魂，从工厂，到乡下，再到省城，它不仅勾住了人们的戏魂，也让我荣获了辽宁省第三届文化艺术节优秀表演奖。

　　1996年新年伊始，辽宁省有一批新剧目要进京展演，展演剧目中有一台三百人的大戏《苍原》和一台独角戏《勾魂唢呐》。《勾魂唢呐》首场演出被安排在中国儿童艺术剧院，平常想要在首都的剧场演出，根本不可能。我刚到剧场时还没敢上台，只是在台下坐着。导演说你到台上感受一下，我刚走到舞台上，

刘美华 | 棒槌岛 •『金苹果』文艺丛书

塑造的舞台角色（一）

塑造的舞台角色（二）

只听唰的一声，场上灯全亮了，吓人哪！这就是进京了。当晚，时任全国人大常委会副委员长陈慕华和时任文化部部长刘忠德，以及众多梅花奖的评委前来观看首场演出，大家都很紧张。开演前，导演拍着我的头说："别紧张，把第一句、第一个晃酒杯的动作无实物地做几遍。"你别说真管用，我真的不紧张了。大幕拉开了，坏了，出差错了！由于工作人员太紧张，原本应顺时针转动的七米转台被转反了，景都是反方向的。顿时，舞台边上的团领导、导演、同事目瞪口呆，大家都急坏了。嘿！你说怪不，这时我倒不紧张了，灵机一动，将错就错，重新感受一切，将自己完全融入角色，调动全部思维，真真切切地去感受一个九十多岁老太太

中国戏剧家协会在京举行"大连话剧团刘美华表演艺术座谈会"

的喜怒哀乐，没想到演出状态却比以往都好。演出大获成功，演出结束后，陈慕华副委员长高度评价该剧"新、奇、特"，她拉着我的手说："这么年轻，演得这么好。"文化部还为《勾魂唢呐》召开了研讨会。中国戏剧家协会（以下简称"剧协"）在京为我专门召开了大连话剧团刘美华表演艺术座谈会。会上，北京的专家学者高度评价了我的表演艺术，他们说："演员的把握既有内在的底蕴，又有外在的高超技巧，达到了很高的表演境地。"中央电视台还采访了我，并制作了《戏剧人》专题报道。

演出回来不久，1996年4月，从北京传来喜讯，我荣获了第三届中国话剧金狮奖。8月，一纸邀请函从北京发来，独角戏《勾魂唢呐》又一次进京参加在北京举行的"一国四方"（祖国大陆与香港、澳门、台湾地区）"96中国戏剧交流暨学术研讨会"展演活动。这一次是与香港、澳门、台湾地区戏剧界交流，这可是半个世纪以来的第一次。我们的演出引起轰动，演出过程

获第三届中国话剧金狮奖

独角戏《勾魂唢呐》参加"96中国戏剧交流暨学术研讨会"展演,演出结束后,参加现场座谈会

中多次被掌声打断。演出结束后，编剧、导演、主要演员与现场两百余位来自海内外的专家、记者进行了座谈。大家评价："刘美华是最出色的演员，这出戏是中国话剧的创新。"《中国戏剧》杂志、《中国演员报》和中央电视台《新闻联播》对演出做了评论和报道。尤其是中央电视台还多次对独角戏《勾魂唢呐》的研讨情况进行报道，并播放了全剧的演出录像。10月，我又到北京参加第三届中国话剧金狮奖颁奖大会暨学术研讨会，在这次会议上，我发表了论文《永远勾魂的唢呐》。

金狮一声吼，喜事接踵来。一个似乎遥远的幻事发生在一个对它向往已久的女人面前，中国戏剧表演艺术最高奖"中国戏剧梅花奖"（现称"中国戏剧奖·梅花表演奖"）颁给了我。这是

《勾魂唢呐》演出后，接受中央电视台记者采访

获梅花奖留影

真的吗？我狠狠地在我的胳膊上叉（咬的意思）了一口，哎呀！疼死我了！这一叉，把我哭中带笑的泪水叉出来了，把我对同志们的感恩叉出来了，把我对丈夫的"埋怨"叉出来了，把我对刘导批评的理解叉出来了，把我对"不要那个脸了"的感谢叉出来了……这一切真的不是做梦，一个刻有"梅花香自苦寒来"的大瓷盘子，就在广州等着我……大连市还为我召开了庆功会。

梅花奖颁奖仪式在广州世界大观举行，场面够大，够隆重。我们这些获奖演员乘坐一辆辆敞篷轿车在盛大的《红梅礼赞》文艺晚会演出过程中接受颁奖。当时的文化部部长还为我照相。

在广州的几天，真"忙"：接受记者的采访（《人民日报》《光明日报》《广州文化市场报》和辽宁电视台《戏剧景观》节目摄制组）；参加演出活动（中国剧协举办的"梅花奖演员上讲台下基层"演出活动）；代表话剧获奖演员在中国剧协召开的梅花奖获奖演员座谈会上发言，《中国文化报》还刊登了此次发言内容的摘要。此间，《人民日报》《广州文化市场报》等刊发了

1997年11月，在广州参加梅花奖颁奖仪式

梅花奖颁奖结束后，接受中央电视台记者采访

在梅花奖获奖演员座谈会上，代表获奖演员发言

文章和照片，澳门出版社出版的《第五届中国戏剧节暨第十四届梅花奖颁奖活动特刊》、第五届中国戏剧节组委会发行的纪念邮品也刊登了我的照片。从广州回来后，《大连日报》对我进行了专访，介绍了我的获奖情况。

　　时间过得真快，转眼到了2003年。中国戏剧梅花奖创办二十周年，我荣幸地接到了在著名导演徐晓钟执导、二十三位梅花奖获得者排演的全本话剧《雷雨》中扮演鲁侍萍的邀请函，并参加由中国文学艺术界联合会、文化部、国家广播电影电视总局、北京市人民政府主办的庆祝中国戏剧梅花奖创办二十周年活动。我以扎实的功底、准确的把握，塑造了鲁侍萍的形象。《雷雨》在北京首都剧场演出了八场，导演对我们的评价是"人物勇敢、率直、坚强、有内涵、风韵犹

在全本话剧《雷雨》中扮演鲁侍萍

参加中国剧协举办的"梅花奖演员上讲台下基层"演出活动(一)

参加中国剧协举办的"梅花奖演员上讲台下基层"演出活动(二)

刘美华 「棒槌岛·『金苹果』文艺丛书」

第十四届中国戏剧梅花奖获奖演员风采

孙丽英
刘美华
窦凤琴 吴京安 幺红
刘丹丽 齐丽华 张丹丹
尹铸胜 车英

小版张 MHJ.(2-2)　　　　1997.11 广州
设计:张振和　　发行:第五届中国戏剧节组委会

第五届中国戏剧节组委会和广东省集邮公司发行的纪念邮品

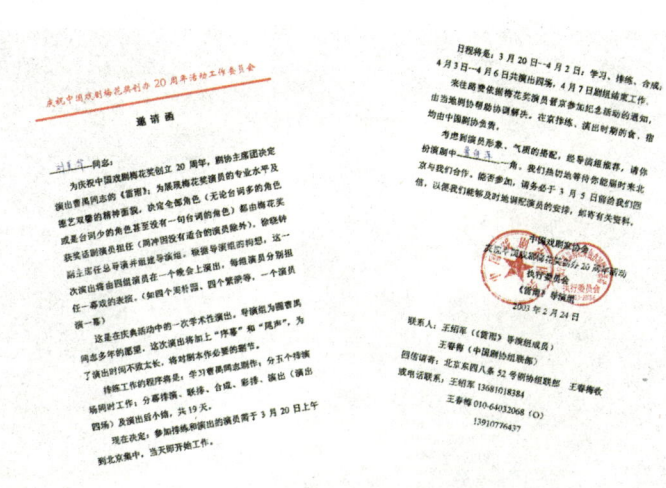

赴京扮演全本话剧《雷雨》中鲁侍萍一角的邀请函

存"。后来，辽宁电视台在《戏苑景观》栏目的《雷雨》专题节目中介绍了"刘美华版鲁侍萍"。

回大连不久，文联主席找我谈话："奖也得了，名也出了，给你找个差事，剧协秘书长你来干咋样？""秘书长？俺家老辈没有带长的，我可干不了，我可不是当官的料。""干，必须干，

在全本话剧《雷雨》中饰鲁侍萍，演出前化装

与话剧《雷雨》总导演徐晓钟合影

三个梅花奖获奖演员所扮演的三个鲁侍萍

组织大连市文联、剧协主办首届中国大连"千品之春"国际京剧票友节大型活动

执导大型主题晚会"艺术家与百姓面对面"

这不是什么官,就是为大连的戏剧人服务。"领导如是说。无奈,接吧。我要"赔"上车,"赔"上通讯费,"赔"上时间,回馈社会,回馈同志们,我要帮同志们解决一些力所能及的问

题，我要为大连的文化事业尽我一点儿微薄之力。我面向基层，到工厂，到街道，到学校，组织会员开展系列演出、采风活动或举办专业讲座。记得有一个小学生的母亲是卖菜的，孩子在我的辅导下，在学校朗诵比赛中获得了第一名，家长高兴地拿了一筐各种蔬菜要感激我，被我谢绝了，因为服务不是索取。工作中，我竭尽全力支持市中小学课本剧大赛，组织剧协主办或承办了首届大连"千品之声"京剧票友演唱会、首届中国大连"千品之春"国际京剧票友节、大型主题晚会"艺术家与百姓面对面"等多项活动，有的活动还被评为大连市年度有影响的大活动。积极响应市里打造文化大连、创建三个"大连市特色文艺活动基地"等活动，工作再多，心里也愿意。

2006年，我荣获了第九届大连市人民政府文学艺术最高奖"金苹果"奖。这一年我还被评为大连市三八红旗手、大连市文艺界十位有影响的人物之一。2008年，大连市劳动模范的奖章挂在了我的胸前。

我就这样，在剧协秘书长这个不开饷的"官位"上，服务了五年，退休了；坚守了三十年的话剧舞台，当了三届的市政协委员，离开了。

退休后不久，大连艺校又邀请我到他们那儿给孩子们上表演课。我到剧团以后，因为坐不住而荣获了一个外号叫"快快快"，不光别人，就连我自己也不相信我能坐得住。如今让我教小孩儿？试试吧，反正我也待不住，不行就撤，别耽误孩子。艺校就在我家楼下，我去了，一进教室，一群孩子向我喊："老师好！"差点儿没把我大眼泪拿下来，这帮小孩儿太可爱了。

荣获第九届大连市文学艺术最高奖"金苹果"奖

"小孩儿""爱"这几个字太神奇了，不知道这是谁发明的，简直使我不能自拔，我完全被这几个字俘虏了。我和他们玩，和他们编小品，和他们一起出去观察生活，和他们一起练台词、练绕口令，负责他们生活，负责他们穿戴，看管他们纪律，看管他们是否谈恋爱，总之什么都管，管得我辛辛苦苦，管得我婆婆妈妈，管得我乐乐呵呵，总之五个

手捧"金苹果"奖奖杯

字：辛苦、快乐、爱。看着他们考上中央戏剧学院，考上上海戏剧学院，考上北京电影学院，考上中国传媒大学，考上浙江传媒大学，考上辽宁大学，等等，我那个心里啊比他们父母都乐，乐

在大连市劳动模范表彰大会上

得我啊比他们父母都傻。我感觉我活着活着活回去了，我教了他们，他们改变了我。我得感谢这些孩子，这些孩子让我找回了童年时穿花衣裳的快乐，这些孩子让我变得更豁达、更平静了。看着这来自苦寒有着美好未来的花朵，看着这花园里翩翩起舞的片片小彩蝶，我捋着自己已见微霜的发丝，欣慰地笑了……

我啊，说了那么多，现在就像《勾魂唢呐》里的老太太，"人要活出点儿模样来"，无怨无悔，就行了。不叨叨了。

与老艺术家李默然采风、合影

执导大型晚会后，与老电影艺术家秦怡合影

与《雷雨》中扮演繁漪的肖雄合影

与《雷雨》中扮演大少爷的濮存昕探讨角色

在工厂演出

作为大连市文化代表团成员访问澳大利亚

执导大型主题晚会"大连 我们共有的家园"

主持大连市戏剧家协会理事扩大会议暨年会

在京参加纪念曹禺诞辰一百零五周年植树活动

《勾魂唢呐》剧照（一）

《勾魂唢呐》剧照（二）

慧眼识珠

刘美华作为演员素质很好,先天给予她好的外形,同时,她还有内在的表演素质,如想象力、感受力,包括信念感等内在素质,同时我们也在她身上感受到对角色创造的可信性、可塑性。

《勾魂唢呐》进京演出座谈会发言摘编

○ 笑薇 整理

受文化部邀请，大连话剧团《勾魂唢呐》剧组1996年伊始进京展演，引起强烈反响。作为1996年辽宁省新剧目进京演出的唯一独角戏，大连话剧团的《勾魂唢呐》可谓独领风骚，引起了戏剧界广大人士的普遍关注。1996年1月24日、25日，中国文化部和剧协召开了"大连话剧团《勾魂唢呐》研讨会"和"大连话剧团刘美华表演艺术座谈会"。参加座谈会的有文化部艺术局局长曲润海，中国剧协副主席李默然、刘厚生、郭汉城，中国剧协书记处书记霍大寿、齐致翔，中国舞台美术学会名誉会长薛殿杰，著名戏剧理论家曲六乙，戏剧评论家童道明、康洪兴、余林、涂沛、章诒和、黄新树，《中国戏剧》副主编黄维钧、编辑部主任姜志涛，《剧本》副主编王育生，《中国京剧》主编吴乾浩，《中国戏剧年鉴》主编吴福荣，著名导演艺术家严正、丛兆桓，中央戏剧学院教授郦子柏，中国舞台美术评论家蔡体良，艺术家张越男、程式如等。会上，戏剧界的专家、学者畅所欲言，反响热烈。

推出名角　力求精品

颂扬（中国煤矿文工团著名剧作家）

《勾魂唢呐》是一台捧角儿的戏，是一台推出明星的戏。

刘美华扮演的这个角色要懂音乐、舞蹈，要懂斯坦尼斯拉夫斯基、布莱希特，还要熟练地掌握地方语言，还要考虑形体动作的逼真性，考虑大起大落，从年老到年轻、从年轻到年老的情绪转换的连贯性。刘美华在无对手的情况下，做表演上的交流，给人一种真实感，模拟的一些动作真实可信。她只有一个人，占据了舞台空间，征服了观众，观众在看这台戏时，不觉乏味，被她吸引了，这就是演员的魅力。我认为，这个演员不得了。

涂沛（中国艺术研究院戏曲研究所研究员）

我是搞戏曲的，我想从戏曲的角度来谈谈。这个剧形体动作夸张的强烈程度，并不亚于戏曲的表演。这次演出，对话剧来说，意义极其巨大。演员的表演可谓妙趣横生。这个演员内功很好，她让观众从她的情感宣泄中感受到了她的所有行为背后所隐伏的生命意识。这是很难能可贵的。演员的内功和形体动作使她都很胜任这个任务。

黄维钧（《中国戏剧》副主编）

我很喜欢这个戏，很有新意，很新颖，整个舞台节奏都有一个很好的把握。人生回顾层次很清楚，淡淡的人生况味的调子确立得很好。如此处理，对演员的要求很高。我认为演员的内功、外功都很强，能够总体把握，能够理解人物，人物形象很有情感色彩。但是，我在观戏时，总觉得还缺点儿什么，勾魂的那个点把握在什么地方，这方面好像有所欠缺。

姜志涛（《中国戏剧》编辑部主任）

这个戏我看过两遍，越看越有味，非常喜欢，编、导、演都有特点。作者语言功力很好，既是生活的，又是艺术的，又是人物的。导演是多才多艺的导演，这个戏经导演的处理，显得很完整。这个戏也给演员提供了再创造的天地，可以说演员沾了光，但演员如果本身不具备艺术创造的功力，即使有这个机遇，恐怕也不会演得这么好。

王育生（《剧本》副主编）

这个戏我见得较早，本子一年前就看过了。我们看过剧本后，很感兴趣，觉得这是在剧本创作上很有特点的一个本子。这个本子要在台上立起来，难度是很大的。这个本子对人生的把握较深，没有追求多么辉煌重大，而是讲述了一个普通的老太太的一生。我也曾设想过大连话剧团有没有这样的力量，导、演如何，看了这台戏后我很替他们高兴，他们凭自己的力量把这台戏拿下来了。应该说，导演和演员较好地呈现了剧本基本的东西，我觉得满意极了，赏心悦目，非常具有中国风格、特点。该剧充分地展示了话剧的特长，语言、形体充分展现，同时这个戏的三场舞，由"扭"的形体将戏分成了三大段落，这也是人生的段落。为增加视觉美，话剧运用了画外音、剪影等表现手段，与演员既交流又不交流。

吴乾浩（《中国京剧》主编）

这个戏主要是节奏，节奏掌握好了戏就抓住了。刘美华的语言功力很好。现在在能够拿得住的情况下，我认为这个戏不是做减法而要做些加法，加的东西不是让她讲，而是用细节增加表演的东西，这样老太太的形象还会更丰满。

丛兆桓（北昆剧院著名导演）

这个戏又是醉又是梦，看了以后，这一切深深地吸引了我。这个戏非常亲切，演员特别年轻，演九十多岁的老太太从形体造型到声音、音色都有不同的变化，音调、语气都变了，而且变得如此快，后来又变回来，显出了演员深厚的功力，她不仅掌握了内、外技巧，可能对戏曲也有所了解。我特别欣赏她的神态、眼睛，我认为这些变化是十分难得的。有人讲，这个戏"勾魂"之处不够，我也许由于其他的因素，觉得自己被勾进去了。演员在很短的时间里，表现了很复杂的生活，这些感动了我。

严正（中国音乐学院原副院长、著名导演艺术家）

我认为导演接受了一个新体裁、一个很困难的作品，敢于搞而且搞得这么好，原因有二：第一，导演很自由，在舞台空间开放自己，吸收了各艺术门类的精华；第二，对自由人生的悟性。二者相加使他这次创作成功。这也是这个戏最鲜明的一点。作品视角抓得很准，掌握有力度，开掘得很深。

我认为，演员是个角儿。人物塑造得好，在于人物活在舞台上，站在观众的面前。我们认可，因为她是一个有生命力的人。演员也有她的自由和悟性，悟性表现在对人物心灵的把握上，这也是她与其他演员不同的地方。演员对人物心灵的把握很准，而且是在运动中呈现，演员投入得很快，变化控制得很严，动作很美，色彩很丰富。

章诒和（中国艺术研究院戏曲研究所研究员）

这个戏写的是文化，导的是文化，演的更是文化，这就有了一个理论上的命题：人是文化的产物。

老太太是百年文化在这个人身上的积淀，而且文化的内部构成有一个很准确的外部形态，它是用性格渗透在她的言谈、音容、笑貌、情感及社会行为中。这个戏很高级，它的规范是中国舞台最严格的规范，醉态之中怎么演都可以，但她没有超出最严格的规范，演员的魅力很大，现在很难想老太太的性格如何，角色、演员的魅力不在于她的性格本身，而在于通过语言、动作所揭示的那种人物关系、矛盾冲突组成的魅力，在于生存的奥秘，在于她在这种生存状态中所形成的一种精神气质。这个戏有一个贯穿线，不是唢呐，而在于作、导、演所给予人物的特有的精神气质，精神链中她的行为是这条链条的光点，从这演员身上闪出来了，很美好，我们不用知道她全部的人生，只这几个光点就足够，这点有别于其他的戏。我们总谈创新，实际上，却都是重复，但是这个戏是有一定的创新的。

郦子柏（中央戏剧学院教授）

刘美华作为演员素质很好，先天给予她好的外形，同时，她还有内在的表演素质，如想象力、感受力，包括信念感等内在素质，同时我们也在她身上感受到对角色创造的可信性、可塑性。这是一个很成功的戏。在一个小时的过程中，表演也是成功的。创作角色恐怕要花很多的时间准备角色，花很大的功夫来领会感受这个人物，演员把握住了人生中不同年龄阶段的几个瞬间，这个把握是很好的，全面地表现了人物的喜怒哀乐、七情六欲。演员表演上的特点是质朴、自然、真实、有机、细腻、动人，运用体验，注重开掘人物内心世界，在组织人物内心独白的过程中间，花了很大的力量，较丰富准确地完成了自己的一条思想线，又通过思想线把内心视像比较生动具体地加以展现。这个戏自身建立了一条连贯的感情心理线。由于演员充分体验了人物自身，有了丰富的内心生活，在表现人物很内在的东西时，这种体验起到了画龙点睛的作用。演员把体验和表现结合起来，塑造了一个完整的、惟妙惟肖的人物形象。

郭汉城（中国剧协副主席）

我很喜欢这个戏。这个戏是话剧向民族化方向做的一个探索。剧本作者很有生活阅历，表现内容很丰富。我觉得观众越来越多，这很好。这个戏十分难写，一生的事很多，作家是很费脑筋的。

张越男（总政歌剧团著名歌唱家）

演员是非常好的演员，虽然没有学过戏曲，但身上的功底很扎实。唱、念、做、打都不错，导演给演员的东西，在她身上没有留痕迹，全消化掉了，以她的年龄，真是不多见。作为话剧演员，她唱得很不错，声音、韵味都很好，很有味道。看了这个戏后，我觉得它就是很有中国特色的话剧，它吸收了很多戏曲的东西，但又不同于戏曲，很出彩，可以说导演、演员、编剧、舞美的功力都是很深厚的。

康洪兴（中国艺术研究院戏曲研究所研究员）

演员形体功夫和内心技巧都是很好的。这个角色的塑造难度很大，但演员塑造得很好，我觉得原因有如下几点：第一，找准了戏的舞台样式的独特的感觉，把握住了特殊的舞台样式和表演特点。这个戏写意性强，而且是时空交织的演出样式，演员从表演上把握准确、自如，把握虚实的舞台景观也很自如。第二，具备了舞台样式的适应能力，巨大的想象能力形成创造力。第三，寻找不同规定情境中的独特而具有表现力的心理、形体动作，开掘出了人物的心理世界。

余林（中国话剧艺术研究会秘书长、中国青年艺术剧院戏剧评论家）

发现一个演员比发现一个剧作家更为重要。一个戏的灵魂在于表演，刘美华确实是一个很好的演员，她没有受任何观点的影响，坚持走自己的路。她的特点是：一、表演的自信，这是非常可贵的；二、不同的故事用不同的心态去对待，这种差异感让人相当受启发；三、善于用形体，鼻腔共鸣非常好。

童道明（中国社会科学院外国文学研究所研究员）

有一句话："麻雀在走的时候，就知道会飞。"

我一看到九十多岁的老太太就觉得好戏在后头。演员对非自然生活化的状态把握得很好。演员的魅力在舞台上，这就是好演员，她的演出对剧本是一个很大的提高。

力求创新 独辟蹊径

薛殿杰（中国舞台美术学会名誉会长）

我更多地从舞美方面谈。演区集中，有流动感，舞台转动，切换自如，屏幕起了遮挡作用，比当场换头套、服装更自然。如果舞美不是成功的，舞台将不堪设想，因此，舞台设计起了重要作用，舞美设计是成功的。

蔡体良（舞美评论家）

这个戏我很喜欢，一人戏与百人戏在艺术画面上是可以抗衡的。这种戏在话剧舞台上是很少见的，既不觉得长，又不觉得累，是很成功的。这个戏每一段落都能引起人们的共鸣，整体上的驾驭也是统一的。因此说，这个戏是有其生命力的。

我对唢呐抱有厚望，我希望唢呐声更大些，让它更拟人化些，也可以将心灵外化。

康洪兴（中国艺术研究院话剧研究所研究员）

我很喜欢这出戏，我觉得这出戏定要有一定人生阅历的人才能看得有滋有味。另外，这是部需要细细品味的戏，品味人生内涵，当你真正具有了这种人生鉴赏能力时，它的味道是醇厚的。其艺术构思、演出样式用六个字评价是小巧、精美、雅致。从艺术风格和韵味来说，这个戏质朴、平易、恬淡、优美，内涵丰富，让你回味的东西多。作家用平视的角度来看生活，内涵的面应更广阔些，让大家都能有共鸣。这部作品自由度大，平实、质朴，作者没有塑造什么，而是凭自己的感受去取舍。这是它很好的特点，也是作者的美学追求。

导演是相当出色的，功力很深，这出戏尤其好，而且非常完整，对剧作的风格样式把握非常准确、细致、别致，对假定性的运用十分娴熟。转台的运用非常好。它的运用，不仅打破了独角戏的单调，使节奏变化起伏，而且带有某种寓意色彩，蕴含着人生年华似水，融入了老太太的人生阅历，与展示人生水乳交融。同时，导演在虚实结合、虚实相生的处理上相当精彩，屏幕前、屏幕后虚实结合的交叉运用，恰到好处。

徐晓钟（中央戏剧学院院长）

这是一出锻炼演员的戏，一出吸收戏曲艺术特长的戏，也可以说是一出理剧。它写出了一种积极向上的人生况味，对生命的结束并不悲观，是很难得的。老太太一生很平凡，但却感动了台下的每个观众。

演员的大连话太亲切了，有魅力，转台的运用也非常美。舞台道具，其基调我认为不应该处理得陈旧，因为这是一种升华，是一种美。

曲六乙（著名戏剧理论家）

非常高兴看了这部戏。它品位很高，具有独特韵味，内容非常丰富，有独特的审美视角。首先应该感谢编剧、导演，他们给话剧带来了新的东西、进一步探讨的东西。这个戏达到了相当高的美的境界，是我们在艺术思维上的一种活跃。这个戏我看后感触很深，它触动了我的心弦。没有剧本，这个戏无法施展。我谢谢作者，能触发这么多的联想。这个戏哲理很深，却没有故弄玄虚，这点是很了不起的。它的文学性很高，对美学的追求与别的剧本是不同的，是近几年我看到的话剧中不多见的。同时创作集体也是一流的。

章诒和（中国艺术研究院戏曲研究研究员）

这个戏，舞台空间的营造是很好的，既洗练，又具有很强的假定性，靠近戏曲的舞台处理。平台不断地转动意味着老太太在时空中的轮回，后幕垂挂的牵牛花等让人感觉到一种青春的气息，暗喻九十多岁老太太的青春和年华永驻，以及对美好的向往和憧憬，这些配合整个戏，营造出一种诗意美和抒情美的情调。

霍大寿（中国剧协书记处副书记）

大家的感受是共同的：这出戏是思想性、艺术性的结合。思想内容上，它让我们看到了相当完整的一个人的人生，同时在咀嚼人生中有了一种评判。这种评判人生是一种豁达的、乐观的、对人生基本满意的、无怨无悔的态度。作品很逼真地表现了作为一个真实人生可敬、可信、真实的方面。

导演赋予了这个戏真实的人生，让人感到导演有极大的"自由"，呈现给我们的是一个完整的整体，他为话剧艺术整理出了一种可以间离出来的形式美。

雅俗共赏　开拓求索

曲润海（文化部艺术局局长）

这个戏文学本子较完整，很有欣赏价值，整个舞台演出不错。这个戏写的时间长，也写出了这个人物的美好的精神世界。剧本、人物、演员都较完美，演出形式也好。要搞精品，一定要雅俗共赏，文学性强的本子，往往欣赏性不强，但这个本子却能读、能演。

严正（中国音乐学院原副院长，著名导演艺术家）

我观赏了一个艺术品。之所以说它是艺术品，是因为创作、导演、表演、舞美、音响是一个很完美的整体，这是最近较少看到的完整的话剧。我看了一小时的戏，觉得不过瘾，从戏剧结构来讲，它较为简单，情节也较为节约，演员只有一个，这是简单得不能再简单的戏了。然而，虽然"简单"，作品却要把对人生的品味投射给观众，让观众在欣赏的时候，体味人生的况味。在创作上，它选择了最具普遍意义的内容，选择了富有感染力的内容，选择了那些最有历史闪光点的内容，选择了那些有助于思想升华的内容，这种选择，使老太太身上人生的闪光点成为情节；在创作的构思上，它把握了真、善、美的原则，这也是其高明之处。因而，这个作品虽小，但较却完整地提炼出了带有理论性意义、需要探讨的东西。

第一，作家不首先向观众投射一个立意思想，而是让观众仁者见仁、智者见智，从人生、人性去了解，这样的创作基点，是不是一个新奇的东西呢？

第二，剧本的创作不是像一般剧本，有事件、有矛盾，而着重写人物的情绪、情节，用情节来贯穿一生，这也是创作中不大常见的。

第三，剧本和演出提出了一个问题——表现性和演剧性的问题。表现性和演剧性在这个戏里是统一的，演员可以当众换头套，观众也认同，这是一个值得探讨的问题。

第四，假定性和具象性问题。假定的东西不等于没有情感，假定的东西是具有形象的，尽管在舞台上没有出现，但还是有形象的。

第五，雅俗统一的问题。这个戏雅俗共赏，很大气。

从这部戏来看，大连话剧团对话剧艺术的发展起到了推动作用，至少是个启示作用。当我们的理论研究跟不上的时候，我们的经验就会流失，这个很可惜，因此，我希望作家多做一些理论方面的探索。

王育生（《剧本》副主编）

这个戏，剧本的出现是值得关注的。首先导演功不可没，同时，剧本的文学性很高，演出后有许多让人会心的地方。

作品思想性很好，主旋律和多样化二者结合得好，给我们提供了艺术上的广阔天地，有民族风格，气派，体现的是我们民族的精神和气质。作品创作上是以真、善、美为原则的，老太太的一生是有哲理性的。

"人要活出点儿模样来"，要做到这点并不容易，这在作品中没有张扬，但是传达出了一种内在的美。同其他剧相比，《勾魂唢呐》追求民族性、追求美的原则，是带有导向性的，即思想上所张扬的东西是积极健康的。

剧作的语言、选材的提炼，是不多见的。我们找到了个题材扎实的、可以做坚实基础的剧本。这是一台丰厚的、有中国特色的中国话剧。

霍大寿（中国剧协书记处副书记）

几年前，《女强人》进京演出，现在又来了一个中国的独角戏，我非常欣赏大连戏剧工作者独辟蹊径的魄力。我认为该剧在艺术上具有很好的艺术导向。它给我的重要启发是以少胜多。一个人、一个演员、一个角色通过一个小时的戏表现了几十年的人生历程，这是很高的手段。搞人海战术，是打动不了人心的。

吴乾浩（《中国京剧》主编）

老太太的人生是一种无怨无悔的人生，导演要避免单调，是很不容易的，但实践证明，编导是成功的，舞美的转台是转在心灵里头的，是生命流。这个戏还可以再加十分钟戏。

这个话剧是单纯和丰富的统一，达到了一个很高的境界。单纯是艺术上的单纯——结构上只有一个人，音乐上只有唢呐，动作是秧歌的动作，正因为"单"所以特别突出，让人永远也忘不掉。这个单纯，给人的印象特别深。而丰富则表现在音乐中的唢呐声随着情境的不同而不同，秧歌动作随着年龄的变化而变化。可以说用戏剧表现人生况味，这个戏达到了相当的高度。

（《大连艺术》1996年第1期《勾魂唢呐》进京演出专辑）

在舞台寻找命运的机缘
——记大连话剧团演员刘美华

○ 杨锦峰

看到话剧《勾魂唢呐》剧本，多数人不禁担忧：独角戏，一个九十多岁的老太太在整出戏里絮叨着自己一生的经历，这戏怎么演？观众怎么看？当导演将老太太的角色分派给刘美华，她也忐忑。然而，就在她提心吊胆地读完剧本之后，一种感觉自心底油然而生：这戏就是给我写的，这是我命运中的一次机遇！1995年10月初的沈阳，辽宁省第三届文化艺术节中，话剧《勾魂唢呐》的演出大获成功。刘美华，也随着这成功成为人们关注的人物。也许，刘美华真正在舞台上寻找到了自己命运的机缘。

刘美华，大连话剧团三级演员，祖籍山东，1954年出生于大连。可能天性所致，她从小就追逐上了艺术，虽然这种追逐是许多人都有过的，但她追得有耐心，追得长久。和许多孩子一样，她喜欢唱歌，从孩提唱到青春。1967年，她被调到大连市电业局搞业余文艺，她在舞台上唱。1969年，她到了山东威海农村，在大山里唱。她对自己"业余"的经历颇感自豪。据说，她那时曾演出歌剧《洪湖赤卫队》，扮演韩英，唱得小有名气呢。当然，后来她回顾这段经历时，最深的感慨，还是"业余"所造就的那种"文武昆乱不挡"的本事和一股天不怕地不怕的"冲劲儿"。之后她在专业剧团里扮演《救救她》中的李晓霞，导演便要求她拿出"业余"的冲劲儿。1979年，大连歌舞团和大连话剧团同时看中了刘美华。她经过挺实在的考虑，主要取"话剧演员的艺术寿命长些，年轻演小姑娘，老了演老太太"之说，加入了大连话剧团的阵营。当演完了《勾魂唢呐》，她恍然道："这不正应了当初，岁数大了，真就演了个老太太。"

在话剧舞台上的十几年生活，刘美华既说不上不幸，也算不上幸运。参加了二十几个剧目的演出，除个别剧目外，她大多扮演些"二流"角色。虽然她也为自己曾出演主角的戏而津津乐道，但真正使她感到满意的，是类似《少帅传奇》中唱小曲的黑姑娘一类。在她的心目中，即使在大连话剧团，她也仅仅是一个小演员，有些主角的活儿，她自然而然地认定那是大演员们的事。然而，大连话剧团的许多戏，又正经离不了她。久而久之，她在团里也算得上一个人物了。时间长了，她也为自己积攒了些家底，终于在1995年，因成功地饰演了《勾魂唢呐》中的老太太，获得了辽宁省第三届文化艺术节优秀表演奖。她扮演的角色中，留给人们印象较深的，多是些泼辣尖酸、风风火火的形象，或是些用她自己的话讲，叫"坏女人"的人物。熟悉她的人，有不少以为她恰好或只好来扮演这类角色，对此，她似乎默认了。但实际上，她心底潜藏着一种不服气，她在寻找着在舞台重塑自身的机会。

机会终于来了。当几经打磨的剧本《勾魂唢呐》放在她手上时，她意识到这是大可为之一搏的时刻。她仿照剧本，编了一句自勉的话："现在不拼还等到什么时候？还得等到九十多岁吗？"表面上看，刘美华的秉性与她扮演过的泼辣角色十分接近，直率，快人快语，讲话做事直奔主题，甚至有些粗声大气，眼神、颧骨、嘴角，让人觉得招惹不起。其实如同艺术家在创造形象时要注意到全部复杂性，刘美华也并不就是单色调的主儿，较为细腻的情感和较为深沉的体验，与一触即发的激切热烈，共同存在于她的身上。并且，她也曾在扮演《疯狂过年车》中魏华的形象时，为塑造复杂深邃的心理形象，做出过努力。《勾魂唢呐》中的老太太，行家都认为这是一个富于挑战性的形象，需要艺术家以深厚的功力和灵动的创造，去完成这项充满魅力的工程。据说，有人已打算将这个剧本纳入戏剧学院的表演教材之中。除去老太太形象中所蕴含的巨大历史感和丰厚的思想内容，单就这个形象的长距离时间跨度、无对象无实物交流、时空转换的迅速及强烈的地域色彩等表演要求，就足以令人却步。在这个角色面前，刘美华调动了自身的各种积蓄。她充分利用了自己擅激情、长表现、投入迅速、转换机敏的一面，又进一步发掘了自己深入体验，细腻连贯的潜能。她终于成功了。

《勾魂唢呐》全剧由老太太迷离恍惚的追忆连缀而成。九十多岁的老太太，自斟自饮，疑神疑鬼，刘美华以较为夸张的形体和表情，创造了一个既富于沧桑意味，又豁达爽利的平民老妪。"出嫁"一段，刘美华着重以农家少女的清纯为特征，又于其中初露刚强的端倪。质朴轻盈的近乎载歌载舞的表演，与单纯而倔强的内在性格结合，较好地为全部性格的发展奠定了基础。"偷情"一段，刘美华着重以少妇的觉醒为特征，又于其中刻意展示觉醒的人生追求与固有的心灵障碍之间的矛盾造成的心理冲突。表演中，她十分细致地在甜与苦、进与退、欲与止之间，刻画出心理动作线索。"文革"一段，刘美华着重以家庭妇女的泼辣为特征，又于其中努力舒张一"义"字。她夸张地运用着那个年代通常使用的语言，将扶弱济难的性格与"造反"的气派一同拿出来，与"造反派"针锋相对，很有分寸地表现了身处特定社会环境中百姓形象。"救夫"一段，刘美华着重以中国妇女的坚韧和明事理为特征，又于其中隐匿着某种柔弱。她以坚强和理解面对身中数弹的丈夫，却以忧伤和无望表露心中的忧痛，将女人的弱与强的结合现于剧中。"大侄子"一段，刘美华着重以"情"字为特征，又于其中衬以爽快。爱惜晚辈而致忧国，心痛孩子而致感激那些脊梁式的人物，她将这段戏演得激动人心。"打夫"一段，刘美华着重以趣味为特征，又于其中复现泼辣。结尾的戏中，刘美华虽在外形上复归九十多岁老妪，却努力加重了沉稳和坦然，并在最后创造了超越空灵的心理感觉，将人物升华。整个演出，刘美华既把握了人物，也把握了剧场。观众由她的表演而牵动着情绪，亦喜亦忧，亦沉亦浮。当戏结束时，同行们说演得好，别的观众说没看够。

刘美华的舞台道路，可以说经历了三个阶段。一是"业余"演出阶段，她锻造了面对观众时的热情和勇气，也培养了多面手的基本素质。二是"类型化"阶段，她以演泼辣风火的角色见长，尤以煽动观众趣味和制造演出气氛而引人注意。三是进入

"性格化"阶段,以《勾魂唢呐》成功演出为标志,刘美华逐步走向表演艺术的更高境界。刘美华的表演总的说是在注重"体验"的基础上,大胆运用"表现"。她善于从剧情和情境中,捕捉触动情绪活动的因素,迅速地转化为内心感受,并简洁明了地外化为观众可以直观感受到的表演方式。同时,她也善于运用表演的外在的手段,激发内在情感,并提示观众做出相应的心理反应。在表演艺术那既鲜花盛开又充满荆棘的路途中,刘美华做出了自己的探索。可以相信,这种探索只要坚持下去,会成为通往艺术仙境的途径之一。

　　刘美华满身爽直,又不乏谦逊。在谈到要写这篇文字时,她再三强调要感谢那些给予过她帮助的人和事:老师、导演、剧本、上海戏剧学院……对了,她说她要格外感谢生活给予她艺术创作的营养。她怀念当年歌唱的大山,她不忘导演为一个小品整天将她赶入菜地,她为《勾魂唢呐》而每天加入老人晨练的人群,结交了好些口操山东方言的平常人家的老妇人,从她们的眼神、表情、举止和心事、家事中,寻找素材……当与之切磋她表演中的某些问题时,她显得尤为兴奋。她不因此而恼怒,反而手之舞之,足之蹈之,构思着改进、完善表演的方略。看她的意思,舞台表演是她意欲奋斗终生的事情了。

(《中国戏剧》1996年第3期)

只有一个角色的大戏
——观话剧《勾魂唢呐》

○ 杨砚耕

大连话剧团演出的《勾魂唢呐》（孙建业编剧、刘喜廷导演、刘美华主演），新意迭出，别具一格，令人耳目一新。

一个农村老妇，在舞台上神神道道，恍恍惚惚，磨磨叽叽，自言自语，有滋有味地回顾自己的往事。平淡的人物，平淡的人生。但在这"平淡"里，我们发现了很多新奇。

一

创新，不仅指形式，也包括作品的题材与内容。

当代，反映农村生活的剧目不胜枚举。《勾魂唢呐》表现农村生活却不沿袭以往的套路，作者将艺术视野对准一位九十多岁的农村老妪，展示她艰难的人生之旅，写老妪却又不写她的全部人生，而是特写式地摄取她人生中的几处亮点，通过这些平淡但却新鲜的画面，着力塑造这一形象，展示中国女性的命运，折射社会前进的步履。这种取材角度和运笔用心，可谓新颖独到，别开生面。

在当代话剧人物长廊中，农村妇女形象比比皆是，她们能够入戏，多为巾帼英雄，或贤妻良母之典范。但这出戏却一反常态，竟将一位残烛暮年的村妇作为主人公，这是一个极其普通的老百姓，但是一个少见陌生的妇女形象。显然，作者意在讲述老百姓自己的平凡故事，让人们去品味蕴含其中的不平凡的人生真谛。

中国农村女性，由于旧的礼教束缚和经济地位低下，多有"逆来顺受"的柔弱性，但这个老太太却有与众不同的强烈的反叛性格。她不顾封建婚姻的陈规陋习，不理"不管怎么都忍一口气"的人生哲学，不睬"三从四德"的妇道，不畏"文革"的风暴……她敢爱敢恨，敢说敢为。她的这种越轨，必然与旧的道德观念和社会秩序发生尖锐的抵触和冲撞。作者着力挖掘的正是在这冲突中所呈现的人物性格特征和精神光彩。它体现着中国女性倔强的品格、不屈的气节，展示着一种人的尊严和精神力量。从这个形象里，我们发现了人生的又一种辉煌和伟大，它昭示世人：女人不是弱者！这便触及女性复杂性格中最本质的一面，最美好可贵的一面，这也是老太太这个形象的独特处和价值所在。

当然，老太太的形象不是单薄的，她也有柔情的一面，她渴望爱情，关切亲人，疼爱丈夫并怀有愧疚，同情弱者，如此种种丰富的性格色彩，使阳刚之气与阴柔之美在这个形象里得到很好的结合。

二

在戏剧样式上，独角戏并不鲜见，但在中国话剧舞台上，如《勾魂唢呐》如此篇幅与容量的独角戏却不多见。一个演员在舞台上诉说自我人生，从少女说到老妪，从民国说到解放后，又说到"文革"，看似一本流水账，实为一部人生经，五味俱全。这种特定内容题材与样式的作品，一般以情节为线索、以事件为锁链、以矛盾为动力的传统结构方式，已难以适应其需要，必须另起炉灶，创造一种新的结构形式。这个戏无固定的时间、地点和场景，作者便借鉴戏曲的写意手法，创造一种"梦幻时空"代替"固定时空"。这种时空条件，便于主人公的思绪飘忽驰骋。这个戏没有完整的一贯到底的情节，忽而东，忽而西，缺乏连贯性，于是作者便用人物的情感线和思绪线，将散乱的回顾点串联起来，将零碎的生活面缝缀起来，构成一幅整齐严密的人生图景。一般地说，冲突是戏剧情节进展的推动力，这个戏不存在这种矛盾冲突，作者便以人物活跃的内心思绪与意识流的跳动方式，推动剧情的进展。

为充分外化人物的内心隐秘、情感波澜和精神境界，在表现方法上，它兼容并蓄，将现实与梦幻，写实与写意，有形、无形与变形，有意识、无意识与潜意识多种手段融为一体，营造出一种现实、虚幻、怪异、奇妙的戏剧情境，这是一种色彩斑斓的、既陌生又新颖的随意性很强的情境。

为增强表现力，创作人员很巧妙地运用了音响道具。是它勾起老太太的无限思绪和种种遐想，是它伴随这种回顾的情绪起落、时境变换，时断时续，若隐若现，或欢快、忧伤，或哀怨、悲愤……它既可谓"老鬼"的形象化身，也可谓人物心境的符号，亦可谓剧情进展的烘托。此物无形胜有形，可收举一反三之效。

三

《勾魂唢呐》这种不拘一格的戏，为二度创作提供了发挥创作才能的天地，也提出了种种难题。刘喜廷是一位经验丰富的老导演，在他的导演生涯中，也是第一次接触这种作品。他在深思熟虑后，毅然接受了挑战。我们看到，他呈现给观众的是完整和谐、充满诗意和激情的舞台形象。回忆往事，是人的一种天性，也是这个戏的主要表现手段，但回忆有种种心态，或悲凉凄然，或悔恨怨尤，或留恋难忘……在作品中如何处理这种回忆，取决于导演的人生哲学和美学理想。刘喜廷对剧中老太太的人生回忆，做珍惜人生、肯定生活、怀念往事的解释与处理，赋予人生以积极的意义。因此，舞台总体格调昂扬向上，令人鼓舞，渗透着导演的人生理想。这出戏所反映的生活无连贯性，呈片段状，有零散感，但导演利用多种手段作为黏合剂，将不连贯的事件衔接起来，将分割的场景糅合起来，因而，演出完整统一、和谐有序。这个戏，如何外化人物心理流程，成为塑造人物的成败关键。导演从细微处着眼，精雕细刻，一丝不苟，使演出浓淡相间，疏密有致，耐人回味。

刘美华饰演老太太一角，难度相当大，从少女到老妪，需要不同年龄段、不同事件中多种身份的转变，多种情感与情绪的交替，而且她处于一种无人物交流、无实物依托的表演境地。斯氏表演体系认为，演员的功力在于寻找"内心视觉""内心视像"，这点对这个戏的演员来说，尤甚。她的表演（对话、交流、倾诉、行为等）唯有面对具象方能有所作为，真实可信。刘美华捕捉到了表演对象的具象，准确地把握了人物性格，她将当前的自我与过去的自我、现实的自我与梦幻的自我结合得分寸有度，又区分得清晰可见，跳进跳出，恰到好处。作品中有多处触景生情的手法，例如由首饰、红绢花忆起当年婚姻事，由带枪眼的血衣想起丈夫受伤的悲惨状与夫妻情，种种，这为表演提供了由此及彼的行为依据。刘美华由此而寻找到彼时彼地彼事中人物的思想脉络与情感状态，所以，表演得真实自信、得心应手。无论是从老妪到新婚少妇时的形体、情绪、语言、音色的转变；还是她对汉子的爱慕、试探、追求，及至发展到彼此拥抱这一过程中的感情层次、情绪节奏，均清晰分明，逼真自然，恰到好处。《勾魂唢呐》还是一出方言话剧，刘美华在把握大连地方语言上，除个别生僻处外，颇见功力，那特殊的发言、"海蛎子"味儿的腔调，都为演出增添了地方色彩和风韵。

　　《勾魂唢呐》不论存在何种不足，甚至也可能会带来某种争议，但无疑它的创新探索，对于人们探求话剧的表现形态，不无某种启示。

（《中国戏剧》1995年第11期）

掌声响起来

——访第十四届梅花奖获得者话剧演员刘美华

○ 王茵梦

1997年3月的一天，大连市话剧团演员刘美华手捧从北京邮来的中国戏剧梅花奖喜报，思绪如同《勾魂唢呐》中的女主角飞回从前，一场场人生悲喜剧，一幕幕追求的甘苦尽现眼前。不一会儿，她那双美丽的大眼睛浸满了泪水，濡湿了胸前的衣裳。

白杨河边曾引吭高歌的她，被二姐一把推上了舞台

山东省烟台市郊区有一条白杨河，因河两岸有众多郁郁葱葱、高大挺拔的白杨树而得名。河水清澈见底，透过河水还可见到嬉戏的鱼儿和晶亮的细沙粒，在清晨旭日的照射下，河水波光粼粼地向东流去。二十八年前，淙淙的白杨河边曾有一个小姑娘，一边捋猪草，一边唱当时的流行歌曲，白杨河水好像被小姑娘感染了似的，更加欢快地流淌。小姑娘直唱得清早起来拾粪的

老大爷忘了手头的活儿,背着粪篓站在那儿,为姑娘献上最高的赞美:"多像郭兰英!"

那个小姑娘就是刘美华。

初中刚毕业的刘美华随父母远离滨城大连,来到山东烟台郊区插队"落户"。小美华天生一副好嗓子,在家里经常对着镜子唱歌,学电影里的演员表演,一会儿扮成《洪湖赤卫队》里的韩英,一会儿又变成了地主婆,把邻居小朋友看得呆了,偷着把家里的花生拿给她,求她再演一个,要不就唱"一条大河"。

1970年,美华回到大连,帮在大连海港俱乐部工作的二姐带小孩儿。美华家姊弟六人,只有二姐和美华喜欢艺术。长美华十二岁的姐姐既像慈母般地在生活中呵护着她,又像严厉的老师一样一招一式地教她。直到现在,刘美华不管演什么角色,都要先在家里给二姐演上一遍,二姐不满意,那就得重来。不久,大连市电业局文艺宣传队招演员,二姐给她报了名。小美华心里那个美呀,搂着二姐转了个圈。考试顺利通过,并被安排参加电业局文艺宣传队的演出。一想到第二天要为两千多名职工演出,美华心里又是兴奋又是紧张。她一遍又一遍地练习《洪湖赤卫队》里《看天下劳苦大众都解放》这一段。不知是练得太辛苦,还是太紧张的缘故,每到最后一句后三个字"都解放"时,嗓子就嘶哑,无论如何也唱不上去。美华的眼泪急出来了,二姐告诉她:"别唱了,明晚再说。"演出开始了,二姐在后台安慰美华。美华就要上台了,她拉着二姐的手直哆嗦,平日温柔的二姐板着脸一言不发。当报幕员声音响起之后,二姐啪的一声打掉了美华的手,麻利地一把把美华推上了舞台,自己站在乐队的身后静静地看着她。走向舞台中央的瞬间，刘美华想"豁出去了"，结果演唱成功了，她唱的这首歌还曾被解放军前线广播电台播出过。二姐的这一推，使日后的刘美华在舞台上有了自信心，她深情地说："没有二姐，就没有今天的我。生活中我是个大大咧咧的人，就连穿什么衣服、化什么妆都是二姐一手操办。"

1979年，刘美华顺利地考上了大连话剧团，开始了她的话剧舞台生涯。

成功固然使人欣慰和陶醉，然而更难忘的是追求成功的过程

梅花香自苦寒来，天道酬勤。回顾刘美华从事话剧表演近二十年的历程，让人为之心动，感慨万千。

刘美华到话剧团扮演的第一个角色是《救救她》中的女主角李晓霞，她凭着九年的演唱经验，仅用十天就排完了戏，演出一百六十八场，踏出了成功的第一步。然而，天资聪颖的她意识到，演这个角色靠的是本色和好剧本。在《魂牵万里月》里饰演评弹艺人申秀莲时，为了唱好剧中的评弹段子，她三次叩响老评弹艺人的家门，终于感动了老人，教她唱评弹。剧中有一场戏，申秀莲不满父亲把自己卖进妓院，自杀前跪在父亲的面前，表现出内心的挣扎与无奈。开始导演说她跪得只有形体，没有情绪，刘美华就一遍遍地练这一跪，练得膝盖红肿、出血。导演满意了，而她的膝盖却留下了永久的疤痕，导演向团里提出破例给她

买了护膝。之后，她又扮演了《少帅传奇》中的黑姑娘、《一个死者对生者的访问》中的唐恬恬、《透过纱幕的月光》中的美玉等角色，均得到了专家和观众的好评。

1990年，大连话剧团决定派刘美华去上海戏剧学院学习。去上戏学习美华求之不得，但考虑到年幼的女儿无人照看，她一度很为难。身为工程师、平时老实厚道的丈夫急了，一个电话打到团里："这事我说了算，刘美华一定去。"刘美华望着为自己付出太多的丈夫哭了。学习期间，刘美华没买过一件衣服，没上过一次饭店，中午没睡过一次觉，一心扑在学习上。有一次练习挨鞭打的体态，老师的鞭子抽在空地上，刘美华随着鞭子声做出各种不同姿势和表情。一个小时过去了，老师说可以了，可刘美华不满意自己的表现，央求老师再练。胳膊已有些酸疼的老师被她感动了，又举起鞭子……就这样，刘美华又被"鞭打"了一个小时。寒假到了，风尘仆仆的刘美华回到家里，看到两个卧室的四周墙壁上，凡是女儿够得着的地方全成了她的图画本，有小鸡追妈妈，有拿着妈妈的来信泪花四溅的小女孩……丈夫告诉她，有时忙不过来哄孩子，就任她在墙上画，孩子画的全是对妈妈的思念。刘美华没有辜负丈夫和女儿对她的支持，在校期间由她主演的小品《小镇产房》获江浙沪滑稽戏小品大赛二等奖，毕业时主演的《但丁街凶杀案》作为唯一的留校演出剧目，参加了全国高校研讨会演出。

为了演好《勾魂唢呐》中的老太太，刘美华把大连植物园的一片空地当作排练厅，每天清晨五点半准时到达。她细心地观察晨练的老太太，和老太太们交上了朋友，模仿她们的一举一动，找老太太的感觉。比如说老太太的手究竟是怎样地颤抖，老太太的腿怎样无力地迈行，老太太的头怎样神经性地晃动……有一天，下着蒙蒙细雨，刘美华在园里练习，只见她忽而唱起小曲，忽而把背弓成老太太，忽而扭起了秧歌。她没有注意到已在旁边看了她很久的一位干部模样的老大爷，待她要往园外走的时候，老大爷拦住了她："孩子，你病得不轻啊，让家里人带你去医院看看吧！千万别耽误了。"刘美华什么也没说，笑着走了。这个小故事成了团里人的笑谈，时不时有人逗她："快去医院吧。"

　　刘美华不是个一夜成名的演员，她的艺术道路，是一步一个脚印踩出来的。在话剧不景气的今天，刘美华锲而不舍的精神愈显可贵。

《勾魂唢呐》誉满京城，构筑了人们的戏魂

　　夜深人静，细雨敲窗，唢呐声声。一位九旬老太独自坐在家中自斟自饮，自言自语。醉意微醺中，时光倒转，她回到了初嫁时，回到了抗日战争时，回到了"大跃进"年代……老太太想起了丈夫，想起了公婆，想起了唯一一次"偷情"，想起了大侄子。就这样，舞台上七十多分钟过去了，观众看到了一个爽朗、反叛、善良而又柔情万千的女人的一生，这就是话剧《勾魂唢呐》的剧情。它的难度在于，这是新中国成立以来话剧舞台上最长的一出独角戏，从幕启至剧终，仅有一名演员在台上表演从十八九岁的少女到九十多岁的老太太的人生沧桑。

　　刘美华在《勾魂唢呐》前扮演的多是泼辣、刁钻的妇女形

象，第一次刻画这种性格复杂、时间跨度大的角色，开始她心里也没底，导演刘喜廷发现了她的潜质，鼓励她大胆地去演。刘美华仔仔细细阅读剧本，在表演中紧紧地抓住了老太太的性格脉络。唢呐似是被酒的醇香勾来的，醉是酒的戏言，而九十多岁的老太太的醉眼又极富神采，眯起的双眼里折射出人生的画卷。在少女时期，她的眼睛似亮晶晶的窗户，折射出新奇、美好、纯洁及梦一般的景象；在青年时期，她敢作敢为，敢爱敢恨，与"三从四德"的封建意识做斗争；在中年时，她刚强、善良，怀抱被敌人枪击的丈夫的血衣，满腔仇恨；在"大跃进"时期，她把家里仅有的饭菜全给了饥饿的侄子；在"文革"中她保护老姐妹表现出正义感；在老年时，她絮叨、不服老……这一切就是那位真实的九旬老太太。在剧中，刘美华把大连方言说得淋漓尽致、传情到位，富有音乐感，给人一种融合了戏剧、戏曲、曲艺等多种语言技巧的感觉，使这出以"说工"为主的独角戏抓住了观众的心。这部戏还有一个独特的地方就是运用了多元化的表现形式，斯坦尼斯拉夫斯基的现实主义手法，布莱希特的间离法，还有民族的秧歌、小曲等，在七米长的转台上，展现了一个历尽沧桑的中国普通老百姓的精神世界。而这几种表现形式又被刘美华掌握得非常好，显示出一名演员的良好素质。整场戏刘美华表演得厚实真切，不瘟不火，层次清晰，连贯自然。

刘美华成功了！

1995年10月，刘美华因主演《勾魂唢呐》获得了辽宁省第三届文化艺术节优秀表演奖。

1996年1月22日，《勾魂唢呐》剧组进京演出大获成功。全国人大常委会副委员长陈慕华、文化部部长刘忠德等观看了演出。4月，刘美华获第三届中国话剧金狮奖。8月，《勾魂唢呐》剧组二次进京，参加"一国四方"话剧展演，七十多分钟的戏，三次被观众热烈的掌声打断。《中国戏剧》《中国演员报》等纷纷报道，《勾魂唢呐》在京城话剧舞台上火了起来。1997年3月，刘美华以其真实自然、功力深厚的表演荣获第十四届中国戏剧梅花奖，成为获该届梅花奖唯一的东北地区演员，为大连争得了荣誉。

刘美华没有陶醉在成功的喜悦中。在广州参加颁奖活动的十六天里，别人都去了深圳、珠海游玩，只有她留在住地观看演出，一天看三到五个戏，以求吸取他人之长，补己之短。广州话剧团的领导非常欣赏刘美华的表演才华，愿出数倍于大连话剧团的薪水请她到广州，刘美华婉拒了。她太爱大连这片山青海碧的土地，太爱活跃了近二十年的大连话剧舞台。在谈及今后的志向时，她言道："我要进一步钻研艺术理论，充实自己，做一名真正的艺术家。另外，我要把《勾魂唢呐》这部探索性质的话剧献给更多的观众。"

刘美华一如往昔，穿着随意的牛仔装，斜挎一个皮包，开朗、热情，没有一点儿架子，开始了她新的探求。

（《东北之窗》1998年2—3期）

独角戏《勾魂唢呐》的新、奇、特

○ 华 君

排演一出独角戏,是大连话剧团历史上的第一次。一个人在舞台上,演出一台大戏,一个多小时,能行吗?

她成功了。10月10日下午,辽宁省第三届文化艺术节颁奖仪式隆重举行,大连话剧团参演的独角戏《勾魂唢呐》获得优秀编剧奖、优秀舞台设计奖、优秀表演奖、作曲奖和最高奖剧目金奖。

《勾魂唢呐》在沈阳八一剧场演出两场,场场爆满。演出中,演员相当投入,观众相当肃静;演出完后,掌声不息,演员数次谢幕。

一壶老酒,几碟小菜,一位饱经风霜的老太太讲述着自己一生中几个动人的故事。红盖头一盖,立刻回到了出嫁的场面。转台一转,一会儿是抗战时期,一会儿又是"文革"那段岁月。少女的天真可爱,少妇的娇羞、妩媚,中年妇女的热情、善良和耿直,老太太的憨厚和慈祥……省文化厅厅长杜铁说:"这个戏新、奇、特,塑造了一个个性鲜明的中国劳动妇女的形象。"中央戏剧学院导演曹其敬说："这出戏在戏剧观念上有突破，以往是几个演员扮演角色，演故事给人看，这个戏是一个演员讲故事，做表演性的叙述，把老太太一生的经历生动、有趣、有层次地叙述出来，演员的表演是成功的。这个戏给我国的戏剧建立了新的品种。"

《勾魂唢呐》的作者是大连市戏剧创作室的孙建业。这是他写的第一部话剧，由此看出他积累的丰厚。这部独角戏的导演是原辽宁歌剧院导演刘喜廷。这部戏中，有斯坦尼斯拉夫斯基体验派的手法，更多的是布莱希特的"间离"处理方法。演话剧却出现了演员自己唱、自己舞的场面。那时空转换的神奇变化，那每句台词、每个身段、每步走的独特的处理和解释，无不体现出导演是位构思奇特、匠心独运的大家。他是一位艺术造诣较高、艺术修养全面的导演。专家们都认为《勾魂唢呐》剧本是一个好本子，是个精品，但许多同行都感到在舞台上很难呈现，用导演的话说，本子太好，导演反而更难了。而经过刘喜廷的手，谁也想不出这样一种处理方法，太奇特、太恰当了，以至于有的人说，唯有他能导好这部戏。《勾魂唢呐》是一部独角戏，对演员要求较高。刘美华是大连话剧团的中年演员，她擅长表演泼辣、风趣、诙谐的农村妇女形象，曾获过东北三省戏剧小品大赛明星奖和辽宁省戏剧玫瑰奖。扮演这一角色，表演老太太一生不同年龄的变化，在表演上是较难的。她为了找到人物感觉，经常到公园里跟在老大娘身后走，跟她们交谈。每天早起练形体，像着魔似的在一个角落里"磨"戏。她的刻苦努力得到了回报，经过全剧组人员的共同奋斗，《勾魂唢呐》为大连话剧团、为大连人民争得了荣誉……

（《大连日报》1995年10月20日）

面对挑战
——谈刘美华在《勾魂唢呐》中的表演

○ 李 珠

　　凡是看过独角话剧《勾魂唢呐》剧本的人，都会有一个感觉：如果将此剧搬上舞台，对二度创作，尤其是表演，将是一个很大的挑战。该剧的角色只有一个九十多岁的老太太，剧中大量存在的无实物、无对手交流、迅速的时光转换，以及浓郁的地域色彩，都为演员的表演增加了难度。这无疑将是对演员表演才能的一次考验。

　　当大连话剧团演员刘美华接受了这一富有挑战性的角色后，她没有胆怯，而是信心满怀地投入到角色的创作中去。她仔细地揣摩剧本，似乎感到这个戏就是为自己写的。她向生活学习，到公园去，到街头巷尾去，到亲朋邻里家去，与老太太们交朋友，研摩她们的声音笑貌、行为方式和心理特征。她还调动自己以往擅长演情绪激烈的戏、投入迅速、转换机敏的一面，挖掘自己深入体验、能唱能舞的潜能，终于将一个平凡老妇不平凡的一生，鲜活地展现在舞台上。由于在剧中成功的表演，她在辽宁省第三届文化艺术节上获得了专家和观众的一致好评，荣获了优秀表演奖。

刘美华的成功在于她用较为夸张的形体和表情以及真实、富于激情的表演，将一个既富有沧桑意味又豁达爽朗的老太太形象刻画得入木三分。

真实可信的表演，是刘美华创造角色的前提。《勾魂唢呐》的舞台展示，充分运用了写意的艺术观念。它通过虚拟的舞台环境，要求演员演出一个九旬老妪的一生的经历。要让观众看懂这出戏，首先演员的表演必须真实、到位，然后再通过一些必要的道具的提示，调动观众的想象，创造一种"心理真实"，使观众相信舞台上的表演。如在"大侄子"一段中，刘美华较成功地运用了眼睛传神的表演技巧。观众在舞台上虽看不到大侄子的形象，但通过演员真实可信的表演，观众迅速联想到了一个在三年困难时期因饥饿而来到老姑家，狼吞虎咽地吃饭，在吃饭时，时不时不好意思地抬头望着老姑，吃饭后起身与老姑道别又回到工作岗位上工作的淳朴、善良的中国普通工人形象，感受到了主人公由爱惜晚辈而致忧国，由心痛孩子而致感激那些脊梁式人物的感情脉络。

富于激情的表演，是刘美华创造角色的主要特色。《勾魂唢呐》的剧情虽没有讲述一个惊天地、泣鬼神的故事，也没有直观激烈的戏剧冲突，只是由一个老太太在叙述着自己的几段难以忘却的往事，这样的剧情，演不好会给观众一种单调、枯燥的感觉。刘美华在这看似平常的故事中，却充分发掘了情感因素，并升华为激情，用充满激情的表演，吸引住了观众，使观众的情绪随着演员的表演而有涨落，让观众进入剧情中，与主人公同悲同喜。如在"偷情"一段中，刘美华仅凭着一大段独白，就表现了一个成熟妇女在人生追求的觉醒和心灵中固有的道德标准相冲突时，那种甜与苦、进与退、欲与止的心灵煎熬，将人物汹涌跌宕的内心世界表现得淋漓尽致，动人心魄。

借助形体技巧，是刘美华塑造角色的重要手段。《勾魂唢呐》表演中的另一个难点，在于演员需要在转台上完成角色的每一个年龄段的变化和命运的转换，这就要求演员在迅速构成心理上的信任的基础上，利用形体将这种信任传达给观众。刘美华在这种表演中充分展示了她对形体技巧的把握，显示了其才华。如在表现主人公年轻时，刘美华用轻灵的载歌载舞的表演，表现出一位农村少女既纯朴、单纯，又刚强、倔强的性格。在表现"文革"一段时，刘美华用较为夸张的漫画式的泼辣诙谐的形体动作，表现了处于特定社会环境中良知未泯的中国普通妇女形象。在表现主人公年老时，刘美华较为准确地把握住了老年人特有的状貌，将一个走路勾勾腰、说话瘪瘪嘴的中国善良、朴实、勤劳、热情的老妇人形象表现得十分到位。同时，观众也从这位饱经风霜的老人身上，感受到了千千万万个中华儿女"冻死迎风站，刀下不低头"的傲气所在。

刘美华成功的表演，为本来就有着良好文学欣赏价值的剧本大大增添了色彩，观众的情绪始终为舞台表演吸引着，这在近年来的戏剧界是较为难得的现象。刘美华成功地塑造了这一表演有难度、内涵丰富的角色，说明她经受住了考验，在表演艺术上已日臻成熟。让我们真诚地期待她激流勇进，在话剧舞台上塑造出更多的富于挑战性的艺术形象。

（1996年第1期《勾魂唢呐》进京演出专辑）

一个特异的戏剧形象
——评独角戏《勾魂唢呐》

○ 黄莉莉

淅淅沥沥的雨声中,一支唢呐缠云滞风地响着,时而渺茫,时而真切,时而欢愉,时而幽怨,它仿佛是勾人魂魄的精灵,将那位老太太一生的哀伤、喜悦、得意、悔恨都牵引出来。于是,伴着风声、雨声、唢呐声,老太太慢慢地回忆着她的人生……

《勾魂唢呐》是一部相当独特的戏剧,全剧角色只有一个:一位九十多岁的老太太,一个"世纪老人"。全剧情节都是老太太的人生记忆片段,而连缀这些片段的是一支唢呐曲。我们都了解,音乐是最能通过联想和想象唤起人内心情感意象的艺术,人的情感常常会随着音乐的流动而流动。《勾魂唢呐》可以说是一部"情绪戏剧",由唢呐吹奏来进行情绪的调动。这支具有不可思议的神奇作用的唢呐曲勾起老太太全部的人生感受,又通过她的叙述感染了剧场里的观众,从而使观众进入一个丰富的鲜活的人生故事中去。这是一个绝妙的构思。在这部作品里,戏剧与音乐那么紧密地交织在一起,使观众无法把它们分开。

九十多岁,不啻为人生寿限的一个异数,其对人生的体验必定也是不同凡响的。如果她头脑还清晰,身体还硬朗,那么她对人生的见解也必定是格外睿智的。而且，人的生命之路走到这时，已不再有任何顾虑、任何束缚，她有权利尽情倾诉她的愿望、宣泄她的情感，她的叙述可以是恣肆汪洋的，让我们既有情感上的满足，又有人生经验的吸取。我看《勾魂唢呐》，期待的就是这样一个丰富的人生，这样一个特异的形象。

《勾魂唢呐》基本上满足了我的期望。

老太太是一个很有自我意识的女人，尽管她出生在不容许人，特别是女人有"自我"的年代，但她也很幸运，因为有一个包容她、爱她的母亲和丈夫，也因为她出身武术世家，有一股不受人欺负的天然正气。为了满足她幼时看戏的愿望，母亲甚至因此而与父亲分离。她出嫁时没有遵守新嫁娘的规定惹恼了公婆，又是丈夫替她挡住了"家法"的惩罚。夫妻俩相扶相掖，同甘共苦，感情和睦。丈夫先于她走了，老太太仍然按照她的做人原则活下去，"文革"中，她保护了受诬陷、被迫害的老姐妹，改革开放后，她责骂了已经做了官，用高级轿车摆阔的外孙。老太太的一生活得光明，活得硬朗。不过，老太太也有她的隐秘：她曾经喜欢上一个在她家借住的男人，似乎是搞抗日秘密工作的汉子，在情与欲的冲击下，她几乎突破了理智的堤防。在这个片段中，作者把女人那种猛烈的爱写得极具震撼力，让观众无法不动容。我非常喜欢这个老太太的形象，因为她真正作为人而活了一生。

但《勾魂唢呐》亦有让人不满足的地方，那就是这个女人的人生经历太普通了，她的知识、她的经验都不足以提供给我们更多的信息与启示。她九十多岁的人生，如果仅仅有这些内容，就显得不够厚重，不够丰富，缺少一点儿作为艺术形象存在的特殊意义。

《勾魂唢呐》无疑是具有独创性的好戏，但遗憾的是它的特异之处更多地体现在形式上，体现在戏剧结构中。但即便有这一点的不足，这出戏我们也很有所得了。

（《中国演员报》1996年1月26日）

话剧舞台的"黑马"

○ 于晓燕

在幽暗的舞台上，一束橘色的追光打在一位九旬老妪的身上。她恍惚中浅酌慢饮，微醒时嬉笑怒骂，在半梦半醒之间，一会儿是活泼的少女，一会儿是娇羞的新妇，一会儿又是苍桑的老妪，亦嗔亦喜，亦歌亦舞，将观众牵进了老妪近百年的人生境况中。一曲凄凉的唢呐声，让观众与老妪在人生的长河中沉浮；一曲壮丽的唢呐声，穿缀起了中国历史的百年沧桑。在这一曲优美的唢呐声中，刘美华用语言、用形体、用情感乃至生命阐释出了艺术的另一境界。

1996年伊始，人们在感受着冬日少有的温照之时，又注目着北京舞台上的一台独角戏话剧《勾魂唢呐》。

首都各大媒体纷纷报道："一个人成功地表演七十分钟的戏，这开了中国话剧表演的先河。"文艺界专家如是评论："发现一个演员比发现一个剧作家更为重要。这个演员的魅力在舞台上是不可估量的。她是一个内功、外功都很优秀的演员。观看

《勾魂唢呐》就像欣赏到了一个艺术品。演出引起的震荡波是人们始料未及的。"刘美华获得了成功，面对这辉煌，她陷入了沉思。

山东来的小姑娘唱绝了

1969年，年仅十五岁的刘美华在上山下乡的热潮中，到了山东一个偏僻小村庄插队。知青的生活清苦寂寞，但刘美华不怕，因为每次放工后，站在门前的白杨树下，面对清澈的白杨河水放声歌唱的时候，她的心是快乐而又充实的。只要能歌唱，她就知足了。一次偶然的回连探亲，使得刘美华的生活发生了转机。大连市电业局文艺宣传队当时欲排演歌剧《洪湖赤卫队》，但女主角韩英一直没有着落。听说有一个"山东来的小姑娘"能歌善舞，他们当即找来唱上一段《看天下劳苦大众都解放》，直唱得考官们泪眼蒙蒙。《洪湖赤卫队》获得了成功，刘美华也迎来了自己的艺术之春。人们都知道电业局有一个"山东来的小姑娘"唱绝啦。每每回想这段当年业余"摸爬滚打"的经历，刘美华都会感慨地说："如果没有'业余'这段经历，也许今天的我会是另一番情景。"让刘美华没有想到的是，人生一次小小的机缘会促使她决定终生去追逐缪斯女神的光环。

人生本身就是一种选择，对刘美华来讲，选择的同时就意味着时间的考验与心态的磨炼。面对大连歌舞团、大连话剧团的两张录取通知书，她经过再三斟酌，选择了话剧团。因为话剧演员的艺术生命较其他艺术要长得多，也只有话剧才能亦歌亦舞，蹈之演之，而此时的刘美华已意欲终生与艺术相伴了。从此，刘美华满怀对艺术的渴望，从自己的戏剧表演的处女地出发，朝着心中的艺术殿堂开始了漫长而坎坷的跋涉与探索。

小角色奠定的表演特色

如果说"业余"的经历，使人们认识到了刘美华的艺术才华，那么，从"专业"的第一次登台开始，就是打磨和锤炼的必经阶段。也许正应验了一句话："天将降大任于斯人也，必先苦其心志，劳其筋骨。"在以后近二十年的话剧舞台生涯中，刘美华参加演出了二十多部戏，但饰演主要角色的戏却只有几部，大多数是配角，有的是只有几句台词的小角色。她尝到了从事话剧表演的苦楚与艰辛，但是，她以东北姑娘特有的倔强及顽强、坚韧的精神，做着改变现实的努力，期待着命运的又一次机缘。

《少帅传奇》中的黑姑娘，每当她唱起大鼓，观众就报以热烈的掌声，人们没有想到一个话剧演员唱起大鼓来，竟有模有样，却不知道，为了唱好大鼓，刘美华苦练了三个月；《魂牵万里月》中申秀莲唱的评弹，有韵有味，让真正的评弹艺人都拍手叫好；《她含笑死去》中精神恍惚的孙小娇让观众不免掬一捧同情的泪水；《疯狂过年车》中被大火烧伤的内心苦涩的魏华，将观众带入一种错综复杂的心理流程中，使人们受到了一次灵魂的撞击。从《救救她》中的李晓霞、《一个死者对生者的访问》的唐恬恬，到话剧《没毛狗》中的二寡妇……她将对生活的真实体验转化到舞台上，在人物身上体验着各种人生：温柔清纯的少女、泼辣尖酸的大嫂、世俗风尘的艺妓、精神恍惚的恋人、淳朴善良的阿姨、心理变态的劳模……

关于刘美华的演技，人们有着各种评论，但稍微分辨一下，就可以确认，那是母亲、是姐姐、是妹妹、是阿姨、是邻里 大嫂……是女人。她的戏自由、奔放、充满激情，微妙之处显露锋芒，即兴之处又露出洒脱。因为这些色块的组合，在我们面前形成了自然天成、充满生机的表演特色。她也因极富个性的表演于1990年获得江浙沪滑稽戏小品大赛二等奖，1992年获得东北三省戏剧小品大赛明星奖，1995年获得辽宁省第五届戏剧玫瑰奖、辽宁省第三届文化艺术节优秀表演奖。刘美华做着奋起的一切 准备。

《勾魂唢呐》是一次对人生的挑战

1995年，经过慎重考虑，几经修改的《勾魂唢呐》剧本到了刘美华及另外两位演员手中。团里的意见很明确：竞争、淘汰，《勾魂唢呐》上新面孔。言下之意就是大连话剧团需要推出"新"人。大家清楚，这是一次机会，也是一次挑战。刘美华幸运地成为三个候选者之一。

与此同时，先睹剧本的专家们认为，这是近年来较难演的戏之一，它既需要演员具备深厚的表演功力又需要表演者有丰富的内心体验，既要有极强的想象力又要多才多艺，演员要在一个小时的时间内，让人物跨越六七十年的时空，把将近一个世纪的几个戏剧事件鲜活地呈现给观众，能演这戏的演员少，演好这戏，难。但同时有人又认为，剧本具有较高的文学价值，是一出捧角儿的戏，如果演员表演成功，二者将会相得益彰。

面对命运的又一次机缘，刘美华心里虽有些许忐忑，但还是勇敢地接受了挑战。在长时间的磨戏过程中，三位候选人只剩下了刘美华。她常以刘喜廷导演的话自勉：一个演员在舞台上没有办不到的事，只要你想做，你想练，你想演。导演要求她首先练习晃脑袋，至于怎么晃得靠自己，晃要晃出内容来，要晃出酒的氛围，要晃出时间感来，没有别的办法，只有练。练了一万次，刘美华琢磨老了意味着什么，意味着以平常心来对待过去的恩恩怨怨，意味着笑谈历经的痛苦磨难；练得已经数不清了，老了意味着什么，已经无法说清楚了；练到产生了下意识，刘美华的心已变老了。她累倒了，病了，但拔掉输液管，又回到了排练场。这部戏整整磨合了两年，刘美华沉浸在戏剧情境中，大到人物的心理流程、心灵感受，小到一个形体、一个嘴形，在反反复复磨合中成形。刘美华即老妪，老妪即刘美华，无须雕饰，用近于透明的表演一气呵成，亦怒亦喜，亦嗔亦娇，亦悲亦怨，优美的民间舞态，夸张的武术动作，悠扬的民间小曲，演来都恰到好处。

1996年该剧二次进京，参加"96中国戏剧交流暨学术研讨会"展演活动，在来自中国大陆与香港、台湾、澳门等地区的十三台戏中，《勾魂唢呐》引起轰动。人们克服了语言的障碍，跨越了不同的生活背景，认知老妪，认知历史。《勾魂唢呐》演出时三次被掌声打断，这在一直呼喊着话剧危机的今天是难能可贵的，众多人士认为，这是一次真正的表演，这出戏是我们中国戏剧界的创新。九旬老妪使刘美华获得了第三届中国话剧金狮奖。刘美华爱戏，因为戏是她的另一种人生。《勾魂唢呐》涵盖了一个女人的一生，也涵盖了刘美华所有的酸甜苦辣。

爱，是追求艺术梦想的原动力

在随《谭彦》剧组在瓦房店演出时，传来了刘美华因成功在《勾魂唢呐》中饰演老妪而荣获第十四届中国戏剧梅花奖的消息，刘美华哭了。这泪水是为自己的艺术才华得到证明而流，是为曾对她寄予厚望的人们而流。

王成斌，大连话剧团已故的导演，是他在刘美华进入大连话剧团接第一台戏时语重心长地说："你就拿出你在'业余'时的闯劲儿来，我信任你。"这句话使刘美华放下包袱，轻装上阵。

从上海戏剧学院进修归来，是老导演黎军"逼"她到金县农村体验生活，使她准确把握了艺术与真实之间的距离。

是吕明导演一反她过去幽默、泼辣、个性强烈的表演戏路，大胆地让她在小剧场戏《疯狂过年车》中饰演因舍己救人而毁容、内心苦涩的女英雄魏华，这为她多彩的戏剧世界又增加了一个鲜活的戏剧形象。

还有团结战斗的集体，每每提到此，刘美华总是深情地说："在生活中我未必是个魅力十足的女人，但是我却有许多支持、关心我的新老朋友，是他们使得我有十足的信心站在舞台上，表现出各种角色所具有的魅力来。"说实话，刘美华并不属于让人眼前一亮那一类型的演员，但与其他女演员相比，她身上显露更多的是自然、质朴、干练、洒脱。与她谈心，让我实实在在地感受到生活赋予她的喜怒哀乐。在倔强随和之余，她会不时让人体味一下"海蛎子味"的质朴与幽默。在没有任何光环环绕下，她身上那特有的生机会慢慢吸引你去接受她，熟悉她，喜欢她。这让我不禁想起，在一次全国性的表演研讨会上，她舞之蹈之地将自己的表演体会准确地表述出来，将严肃的文艺界专家们逗得忍俊不禁的同时，又让人不得不佩服她的大智若愚。

作为女人，她爱家人，更爱话剧艺术。二者让她取舍，任何一个她都割舍不下。中午排练空隙，她会跑出来买好盒饭，顶着烈日送回家，待赶回来，已经来不及吃工作餐了。这时，她会用刘美华式的幽默自我安慰道："全当又减了次肥。"每每论及家人，她的眼中充满了深情："兄妹六人，我是老幺，自小我就生活在一个充满爱的环境中。说真心话，我离不开我的亲人，他们是我追求艺术梦想的原动力。在排《勾魂唢呐》的日子里，是爱人毫无怨言地带着孩子，做起家务，我的成功是用给孩子吃一袋袋方便面换来的。"

刘美华感受到了太多太多的爱。她明白，她的力量太微薄了，只有在舞台上延续这种爱，才能回报爱她的人们。《勾魂唢呐》之所以排得如此厚实，演得如此感人，具有一种大写意式的磅礴之气，我想一定是老妪人物命运中隐秘的博大的爱触动了她，是爱挖掘并延伸了刘美华的表演内涵。

刘美华很少有悠闲的时候，这不，《勾魂唢呐》还未完全收戏，她又进了话剧《谭彦》剧组，她像一匹有着强烈奔腾欲望的"黑马"，积蓄着力量，刚刚取得的成功还来不及回味就已变成了奋斗的起点。她期待着再一次的奋起。

（《大连艺术》1997年第3、4期）

老经典：话剧《勾魂唢呐》
一人一台戏 一晚演一生
——陈慕华高度评价该剧"新、奇、特"

○ 金佳霖

1995年，大连话剧团为参加辽宁省第三届文化艺术节打造的独角戏《勾魂唢呐》获得空前成功，获得众多荣誉和奖项，该剧在辽宁省第三届文化艺术节上获得优秀表演奖、优秀编剧奖、优秀舞台设计奖、作曲奖和剧目金奖五项大奖，省宣传部"五个一工程"奖，获中国戏剧家协会颁发的曹禺文学奖提名奖。1996年1月应文化部邀请进京展演，同年8月《勾魂唢呐》剧组二次进京，参加"一国四方"话剧展演。1996年文化部和中国剧协在北京分别召开了"大连话剧团《勾魂唢呐》研讨会"和"大连话剧团刘美华表演艺术座谈会"，演员刘美华更是凭借该剧获得中国戏剧最高奖项梅花奖和中国话剧金狮奖。

A 一个人的独角戏

1995年由编剧孙建业（电视剧《闯关东》的编剧之一）打造的剧本准备排演时，大连话剧团颇感为难，因为本子太好，是个精品，但是在舞台上呈现比较困难，它既需要演员具备深厚的表演功力，又需要表演者有丰富的内心体验，还要有极强的想象力，多才多艺。因为这是只有一个角色的独角戏，整个舞台就靠一个人支撑。这一个人站在可以由十几个演员同时"折腾"的舞台上，既空旷又无遮无拦，没有任何花活和同伴可以敷衍，她要在一个多小时的时间里，让人物从十八九岁跨到九十多岁，并且要在人物身上展现出近一个世纪来中国波澜壮阔的史诗般的进程。

没有可以借鉴的，这部作品可以说是新中国成立以来第一部严格意义上的独角戏，怎么演，演员该是个什么样的状态，他们心里都没有数，于是在文化局领导的帮助下话剧团请来了辽宁歌剧院的刘喜廷导演帮忙排戏。经过近半年的排演，《勾魂唢呐》在大连海港俱乐部的首场演出大获成功，随后在大连又演了三十多场，场场爆满。这样的独角话剧在中国戏剧舞台上是首创，大连话剧团第一次尝试便获得了成功。另外，像现在大连话剧团引起轰动的大戏《这里有情况》一样，《勾魂唢呐》运用的也是地道的大连口音的台词。大连话本身就有股子畅快淋漓的劲儿，在这部剧中的运用更体现出这位九十多岁老太太的爽朗、泼辣与勇敢。

编剧孙建业现在回忆当时的盛况时说："我要感谢导演和演员，将这个不太好在舞台上呈现的有些片段性和意识流的剧本很好地表现出来，导演的功力弥补了剧本的不足，演员又通过自己的不凡表现把剧本时间和空间的跳跃完整解析出来，很好，很好。"

B 梅花香自苦寒来

《勾魂唢呐》是一部九十多岁的老太太回忆自己一生的独角戏,全剧情节都是老太太的人生记忆片段,从她十八九岁出嫁开始,七米长的转台转一下,就是老太太的一个人生片段:出嫁,抗日,"偷情",挨饿,经历"文革"时期,走过改革开放……而这些片段的连缀用的是当时大连著名作曲家郑冰创作的一支唢呐曲。剧中人物的情感和情绪随着唢呐曲的流动而被调动起来,通过演员的叙述和表演再去感染剧场中的观众。什么样的演员能够驾驭这样的戏剧呢?刘美华介绍说,当时《勾魂唢呐》找了几个女演员试戏,最后选中了她,当时她只是话剧团的一个三级演员,刘喜廷导演就是看中了她的大胆、泼辣、幽默、能吃苦及驾驭舞台的能力,鼓励她大胆地演。当时刘美华四十岁,正是话剧演员最好的时候,无论是舞台经验还是年龄。但接到这个角色的刘美华还是为角色吃足了"苦头"。首先是年龄的跨越,四十岁的她怎样才能演好一个九十多岁的农村老太太。在只有一个人支撑的舞台上需要多种表演形式,如果只是说,那一定会把观众说走,所以这部剧还要在独白的基础上运用"演"字,比如穿插的歌舞表演,较为夸张和强烈的形体动作,年龄转换时甚至还运用了传统京剧"梅派"的圆场步态等。总之,这部戏采用了多种派别的表演元素,这太考验一个演员的素质和功底了。"能行吗?"她一遍遍地问自己,好在她天生有股初生牛犊不怕虎的冲

劲儿，多年扎实的舞台基本功让她心里有底。

从接戏的那天起，大连植物园每早五点半多有了一个"魔怔"了的身影，刘美华细心地观察晨练的老太太，模仿她们的一举一动，找老太太的感觉，比如老太太的腿是怎样无力迈步的，老太太的头是怎样神经性地晃动的。有一天，她在植物园练习时，忽而唱起小曲，忽而跳起秧歌，忽而弓腰变成了老太太，正当她沉浸在自己的世界中时，一位老大爷叫住了她："孩子，你病得不轻啊，让家里人带你去医院看看吧！千万别耽误了。"是啊，不疯魔不成活，她会拎着蛋糕去邻居家学地道大连话，还会因为背诵台词经常坐车坐过站……

体验角色的情感，她尤其记得这样的一个片段：老太太回忆到自己喜欢上了一个丈夫带回家的地下党，她觉得背叛了丈夫，想爱又不能爱，隐忍、内疚和爱慕交织在一起，突破口是她在舞台边"啊"的一声嘶吼，淋漓尽致地宣泄了剧中人物的情感。演到此时，场上都会响起热烈的掌声，而每每此时，刘美华都知道她把观众带到了戏里。刘美华用她的辛勤和努力赢得了这个角色的成功。当她获得第十四届中国戏剧梅花奖时，刘美华说，她第一反应是跑到了植物园，跪倒在地，她只是想表达自己的感激之情。

C 《勾魂唢呐》勾住了观众的魂儿

1995年10月，《勾魂唢呐》在辽宁省沈阳八一剧场演出两场，场场爆满，演完后掌声不息，演员数次谢幕，时任中国剧协副主席、已故的李默然老师拍着手说："争气啊争气，这部戏得进京。"随后这部戏如愿进京演出，在进京演出之前，导演刘喜廷、编剧孙建业、演员刘美华和剧组工作人员一起对这部戏进行了重新加工调整，将九十分钟的戏删改为七十分钟，又将地道的大连方言改为大连普通话，以便让更多的观众解读该剧。

　　1996年1月22日和23日，在"辽宁省新剧目进京展演"活动中，《勾魂唢呐》在中国儿童艺术剧院演出两场，时任全国人大常委会副委员长陈慕华、文化部部长刘忠德和众多梅花奖评委等观看了演出。演出大获成功，陈慕华高度评价该剧"新、奇、特"，并称赞刘美华"这么年轻，演得这么好"。在进京的首场演出中，其实还出现了一个差错。大幕拉开时，由于工作人员的紧张，七米的转台被整个转反了，应该顺时针转的舞台变成了逆时针。当时全剧组的人目瞪口呆，刘美华急中生智，将错就错，调动全部思维回忆着每一个环节。她说那时她将全部心思都放在这七米的舞台上，将自己完全融入角色，忘记了那只是一个舞台，真真切切地去感受一个九十多岁老太太的喜怒哀乐。正是这样的错，让她将自己的水平发挥到了极致，演出状态比以往都好。1996年4月，刘美华获得第三届全国话剧金狮奖，同年8月，《勾魂唢呐》剧组二次进京，参加"一国四方"话剧展演，七十分钟的戏，多次被观众热烈的掌声打断。《勾魂唢呐》在京城话剧舞台上火了起来，它勾住了观众的魂儿。1997年3月，刘美华获得了第十四届中国戏剧梅花奖，为大连争得了荣誉。

（《大连晚报》2013年5月16日）

春华秋实

没有过多的道具,没有其他演员的辅助,在长达近一个世纪的时空中跳进跳出,这太难了。尽管以前演过各种类型的人物,但演个九十多岁老太太还是头一遭。我不否认这是命运之神对我的垂青。是接受命运的选择,还是放弃?……

多彩的人生·多彩的舞台

○ 刘美华

已经不是第一次演戏了，说实话，坐在剧场后面化装间里往脸上抹油彩，心里总有些许的忐忑。

独角戏，一个老太太在台上絮絮叨叨、磨磨叽叽、恍恍惚惚、虚虚幻幻讲上一个半小时，演上一个半小时，这些无疑是对我舞台生涯的一次挑战。读完剧本，我感到兴奋极了，不是每个演员都有如此好的机遇，但却让我遇上了。

兴奋过后，再翻看剧本，不安感随着翻看剧本次数的增多逐渐加重，醉意蒙蒙的九十多岁老太太在恍惚中回忆自己的一生，没有过多的道具，没有其他演员的辅助，在长达近一个世纪的时空中跳进跳出，这太难了。尽管以前演过各种类型的人物，但演个九十多岁的老太太还是头一遭。我不否认这是命运之神对我的垂青。是接受命运的选择，还是放弃？……不由自主，我来到了晨练的老人们中间，与她们聊天，观察她们的举止、神态；来到敬老院，体验老人的生活，寻找着生活的素材。渐渐地，九十多岁老太太由一个简单的词语在我心中逐渐变得活灵活现了。我不是在演一个英雄老太太，而是在演一个普普通通的老太太，她身上所发生的事情，也曾在千千万万个中国妇女身上发生过，于是我将角色定位在平凡、普通的基调上。如何在平凡中升华出"这一个"呢？我围绕老太太的刚强、柔弱来挖掘人物内心。

　　老太太的一生可以说是无愧的一生，豁达、善良、刚强。表现少女时，我用清纯、活泼、少不更事来概括，用欢快、无忧无虑的笑声，无邪的眼神，活泼的形体动作来表现；出嫁为新妇时，我以羞涩、娇嗔、含情为特征，在形体上用忸怩的肩部动作，步履上稍微稳重来与少女时区分；老妇一段，则以佝偻的身躯、微眯着的双眼、压低的嗓音、迟缓的动作来表现老妇的沧桑和历史的沉积感。我认为，老太太的身上有着中国老百姓的刚强、坚韧，有对待困难的无畏，有对待"造反派"的无畏，同时身上又包含着女人的柔情和软弱，以及对汉子的爱恋、面对丈夫中弹的痛惜……可以说九十多岁老太太集合了女人所应有的特性。

　　导演启发我创造刘美华的"这一个"，不要去模仿别人，要坚信刘美华就是老太太，老太太就是刘美华。为避免舞台表演过于单调、呆板，我将斯坦尼斯拉夫斯基表演体系的"这一个"与布莱希特的"间离"有机地结合起来，从内心感受出发，在体验的前提下，运用戏曲的手、眼、身、法、步来塑造老太太不同年龄期不同的状态，如我设计了九种步态，即由微醺的九十多岁老太太转入少女时，步态踉跄转入轻盈；由中年步入老年时，步态则由敏捷、利落转瞬过渡为微颤，佝偻得很坦然，由此完成了刹那的跳进跳出。

扮演老太太，除了完成表演技巧的勾勒外，还需要有丰富的想象力及创作激情。试想，如果面对偌大的舞台空间，光靠玩"技巧"是很难打动自己，使自己入戏的，就更别说打动观众了。为此，我调动了四十多年生活经验的积累，将老太太的一生想象成母亲、姐姐和我自己的生活历程，慢慢地我入戏了。剧本中的一切情境，都可触动我的情感。每到台上自己就会变得激情热烈，这时导演又适时地提醒我："注意了，刘美华不要太卖劲儿了……"这个"度"很难把握，我的表演又进入了一个"雷区"，经过反复思考，我决定隐藏起部分激情，让表演在真实的情感中进行又必须具有分寸感，不能让台上的我激情奔放，台下的观众无动于衷。事实证明，我的表演感觉是正确的，许多观众表示，他们看过戏后都被九十多岁的老太太吸引了。

扎实的基本功及较强的适应、应变能力也是扮演老太太不可缺少的。长距离时间跨度，无对象、实物交流，快速的时空转换，亦歌亦舞，亦喜亦怒，要求我必须投入迅速、转换得体，一会儿温柔似水，一会儿泼辣刚毅，还有优美的民间舞态、夸张的武术动作、悠扬的民间小曲，每一样拿来都必须得心应手。

在话剧舞台上奋斗了十多年，人到四十，遇上了好本子，我可谓是幸运的，我忘不了领导对我的信任，忘不了老导演刘喜廷对我的帮助，忘不了话剧团同志们对我的鼓励和关怀……

8月份，该剧应文化部邀请，再次进京，参加"96中国戏剧交流暨学术研讨会"并进行交流演出，我想我在表演上还须进一步提高、完善，增强人物的厚度感。

剧场开幕的铃声响了，我又将成为九十多岁的老太太……

(《大连艺术》1996年第1期)

眼睛、语言——心灵的窗户、思想的通途
——《勾魂唢呐》表演体会

○ 刘美华

人生如戏，戏如人生，每个人都在人生的舞台上扮演、创造、感悟自己的一生，最终让社会给自己一个说道，自己给自己一个说道。《勾魂唢呐》写一个九十多岁的老太太醉意微醺中回忆自己的一生。人老了爱怀旧，爱回忆，爱在回忆中咀嚼自己一生经历的悲愁喜乐、酸甜苦辣，而这种回忆经过悠长岁月的沉淀和淘洗及性格的催化，变得更有深长的人生况味。《勾魂唢呐》是一出长达七十分钟的独角戏，我要演的是一个进入人生最后驿站的性格豪爽的九旬老太太对自己一生的回忆。九十多岁，多么漫长的人生道路啊！对我来说又是多么艰难的表演课题啊！我怀着忐忑甚至是战栗的心翻开了剧本的第一页。

戏的规定情境是九旬老太太一个人自斟自饮，酒意阑珊时自己一生中最难忘最揪心的几个场面浮现心头，不知不觉中心往神驰，或喜或悲，不禁手之舞之，足之蹈之，醉态可掬。在她醉意蒙眬中的生命再体验中，并没有"对酒当歌，人生几何"的壮阔

和苍凉，倒有"滴酒沾唇，笑看人生"的豁达和缠绵。不知怎么，我的心倏地揪起来了，一种酸酸的苦苦的暖流在心里头涌动，我想到了记忆中奶奶模糊的影像，我莫名地激动起来：那时候能跟奶奶说说话该有多好啊。和我奶奶一样，这个老太太也是一个普普通通的中国劳动妇女，她又像一面镜子，反映出中华民族近百年的沧桑。然而，她又毕竟是"这一个"老太太，她明明白白地活了一辈子，活得顶天立地，敢想敢做，有与众不同的强烈的"反叛"性格，她不睬"三从四德"的妇道，不畏"文化大革命"的风暴，无论是战争年代还是困难年代，她都坚定地站在正义和善良的一边。有了这些理性认识后，我却彷徨了，以我的阅历和生活环境，无法寻找到这样的原型，奶奶与之相似，但仅留下一个淡淡的轮廓，就像是看一张久远的模糊的相片……

看来，我只能靠想象中与这位老太太初次"相逢"的直觉了。我要"创造"她！

勾魂唢呐，何以勾魂？完全处于清醒状态中是勾不了魂的，也太自然主义色彩了，作者高明地以酒做引子，似乎唢呐是被酒的醇香勾了来，从而相互地勾起了魂。所以，我就在酒上做文章，我抓住了"醉"。酒中的戏，在醉上，醉是酒的戏眼，而九十多岁的醉老太太，那就更有戏了。抓住了这一点，戏也就像酒一样，又有劲儿，又有味儿，又醇又香，也就诱人了。

人醉醉眼，醉眼蒙眬嘛。老年人的醉眼是极富神采的，眯成两条缝的眼，蕴含着一幅幅个人心灵中神秘的长卷，她所看到的，可能不仅仅是眼前的景象，而更是一面镜子，折射出往昔。

少女的眼睛就像擦拭得亮晶晶的窗户，总在折射着新奇、美好、纯洁及梦一般的景象。由老太太浑浊蒙眬的眼神，转化为少女那明亮的眸子，由声带摩擦出的沙哑声到打开上口盖以清亮的舌尖音发出的脆音，则完成了语言化妆，使人物的转化瞬间得以完成，再运用上戏曲中的小碎步，"隐"出一个闺房待嫁的少女来。无论是近似舞蹈化的形体感觉，还是那种夸张的语言运用，我都把握这两个字："甜"和"真"。而这种带有表现特色的表演，面对老年的豁达，除了靠技巧、技术之外，最主要的还是内心的具象感受。这个具象感受，其实就是她的性格和性格的外化。

抓住性格，也就基本上贴近了人物的灵魂。

她的性格的发展，由青年时期的倔强，到中年的刚强，其本质就在于她天性中的泼辣。正是这种泼辣的天性，造就了她敢爱敢恨、敢作敢当的个性，也就自然地形成了怀抱被敌人杀害的丈夫的血衣敢于表现满腔的仇恨，以及困难时期将仅有的饭菜全给了饥饿的侄子所表现出的爱和"文革"中那种朴素的正义感。这种天性的泼辣中蕴藏着一颗极其正直、善良的心；说她顶天立地，就是因为九十多年来，老太太的这颗心永远是真诚的。

从老太太的眼睛里，我捕捉到她的外部形象，也正透过她的眼睛，我看到了她的精神，有了这双眼睛，我已经相信，我就是她了。

语言成了我最珍惜，也最运用自如的表现手段。特别是大连地区的方言，说得痛快，听得也痛快，那么淋漓尽致，那么传情到位，又那么富有音乐性，富有美感，说话仿佛像是唱一样，却又比唱更实在、更直接、更有力量，所以给人一种融合了戏剧、戏曲、曲艺的多种语言技巧的感觉，使这出以"说工"为主的独角戏的观众不但没有走,而且还看得、听得津津有味。艺术的处理较好地展现出地方语言色彩的感染力,这种并非刻意的探索也有益于创造个性化的语言,使台词更接近生活,更真实地表现人物,与观众产生共鸣。

开始时,为采用普通话还是方言,还争论过一段时间。基于作者提供的台词本身就是饱含了浓浓的方言色彩,刘喜廷导演又看过我在1992年东北三省戏剧小品大赛中演出的《杀鸭》,并深深地为我扮演的大嫂那海味十足的大连话折服,他明智地决定台词采用大连话来表现这个人物。

尽管导演定了说大连话,可我的心里却一点儿底也没有,因为这个戏的语言含量并不是一个小品能比的,但好在我有演小品的底子,功夫没扔下,就一个字、一句话地掰开了、合拢来地琢磨。刘喜廷导演是沈阳人,只要他能听得清、听得懂、能受感染,我的语言处理就成功了一半。大连话的语言重音很突出,所以情感也就更鲜明,说起来也就到位。比如"偷情"这一段戏,老太太按捺不住对汉子的情爱,有一句词是"我朝自己的胳膊叉了一口",这句话的重音在"叉"字上,这个"叉"字大连话用的是平舌音,调值又是大连话特有的平声念法:3-2-1。这句话我说得狠中带气,极符合她当时的心态,也极符合她所采取的动作,把这个少妇偷情时的爱与恨一下子表现出来了,恰如其分地表达出她的思想感情,再现了她可亲可爱的性格色彩。

语言是戏剧的载体,而语言的特色又使戏剧本身形成了风格,我在演《勾魂唢呐》时所采用的诸多舞台手段和技巧当中,这种独特的语言风格是创造人物的主要手段之一。

(《中国戏剧》1997年第5期)

永远勾魂的唢呐
——独角戏《勾魂唢呐》的表演感受

○ 刘美华

独角戏《勾魂唢呐》自去年公演以来，观众的反响热烈，戏剧界同行的嘉许良多，并屡获各种奖励。这首先应该归功于编剧独具匠心的艺术创作，归功于导演深厚的艺术功力和对作品的全方位的舞台处理。同时，它的成功也是全体剧组人员辛勤劳动的结果，是与各级领导的支持及来自多方面的帮助密不可分的。作为该剧的舞台表演者，在感受到成功的喜悦和艺术创造得到认可的满足之外，我对于表演艺术从理性认识到具体实践都得到了不小的启发。以下记录的是我的表演感受，这既是对一个普通话剧演员近二十年舞台生涯一次大检验的总结汇报，也是我对当前戏剧多元化发展形势下，演员如何确立表演艺术位置的一己之见，以求教于方家。

作为一个话剧演员，如何根据剧情的需要和导演的意图完成从文学语言到舞台表演语言的过渡，首要的一点我认为是对作品的内容和外部形式的深刻理解。这一理解是以同剧中人物的命运产生共鸣为基础的。具体地讲，《勾魂唢呐》一剧的艺术角色打动了作为普通中国妇女的我，由此才唤起了作为演员的我把它呈现于舞台的创作热情和灵感。

一个九十多岁的老妇，雨夜饮酒思旧，似醉非醉，如梦如醒。在唢呐的亦真亦幻、或徐缓或激越的召唤中，迷离恍惚的追忆连缀而出。她的一生既是普遍意义上的人际遭遇，浓缩了近一个世纪的风云变幻的风涛浪影，又是极具个性的与命运抗争的心理历程。话剧从一个富有沧桑意味、豁达爽利的平民老妇的形象开始，将老太太一生的重要阶段有机地渐次表现，然后还原成戏初形象。

这里有农家少女的清纯和活力；有少妇觉醒的人生追求与固有的心灵障碍之间的矛盾冲突；有"文革"中良知不泯，扶弱济难的泼辣质朴的性格表露；有"救夫"中的刚与弱，明事理与听凭直觉的对照；有寓情于理，爱惜晚辈而致忧国，心痛孩子而致感激那些脊梁式的人物的感情脉络，等等。随着人物的不断深化，人生的青年、中年、老年三个主要阶段的展现，时代背景也在不断变化。从20世纪二三十年代的封建旧中国，到抗日战争、三年困难时期、"文革"时期再到90年代的当今，我所经历过的相似事件、我们长辈的类同的境遇、我所耳闻目睹的林林总总在该剧中都有所体现，这让我感到亲切和激动。这个人物是健康而平凡的，这契合了我作为同类同性的感情。这个人物又真实地完成了自己，从这个意义上讲，她又是伟大的，这也唤起了我内心某种悲壮美的艺术知觉。

另外，剧中躺柜、剪纸、唢呐、盖头等实物营造的氛围，带刘海的头套、发髻、插花、银簪和其他服饰及化装道具的运用，道白中的俚语方言及音乐戏曲的穿插，既使我感到如入其境，又体现了我极为熟悉的北方地区的特点。据此，我找到了创造这一角色的心理依据。

众所周知，话剧是舶来品，在我国只有不足百年的历史，但在郭沫若、老舍、曹禺等前辈们的才华和充满激情的创作下，曾释放过璀璨的异彩。至今，话剧艺术已得到了长足的发展，除了中国的传统戏曲外，我们所依循的仍然是现实主义的传统。这是观众的趋向和中国独有的文化特征使然。但是，像其他艺术门类一样，话剧如果从内容到形式没有新鲜血液的不断注入，就必然面临退化和萎缩的危机。另外，目前的文学艺术的传播媒体丰富多样，话剧面临的市场竞争比以往任何时候都严峻。那么，我们专业人士面临的生存和发展的课题之一就是如何推陈出新，做到雅俗共赏，把观众吸引到剧场里，又不一味媚俗。这就要求我们编、导、演除了要反映时代风貌、反映健康积极的内容外，还要为反映这些内容找到适合现代快节奏的形式载体，我个人认为《勾魂唢呐》在这方面也做了成功的尝试。

该剧的实验性是毋庸置疑的。通过"体验派"的若隐若现的基调，它把各个不同时代的人物变化用梦幻中的真实主观地表现出来，从而产生出布莱希特的"间离"效果，使观众针对剧情既入又出，既随人物命运的起伏或喜或悲，又似有参与和领悟。另外，该剧的无场次、无对手戏、深化的时空交流、瞬间变换发套等特征又具有明显的后现代主义和前卫艺术的表现特点。

其次，该剧又是多样化的，体现在舞台上的是它的表现性和演剧性的结合。试想，一个角色在舞台上独撑一个多小时，又无实物依托,"如果单纯用话来表白",正如中国艺术研究院的研究员涂沛先生在剧协召开的关于我的表演艺术座谈会上谈到的那样,"恐怕就要把观众说走了"。因此在独白的基础上还要强调"演",比如,穿插的歌舞表演、较为夸张和强烈的形体动作、年龄转换时利用传统戏曲"梅派"的圆场步态,等等。总之,多种表现手法在人物的内心和外形上得到统一,然后以人物为出发点,调动起一切有利于塑造人物的因素,从视觉和听觉两方面强化其感染力。

再次是该剧有很强烈的文学性,它一反以情节为线索、以事件为锁链、以矛盾为动力的传统方式,而是采用了意识流结构,没有完整的一贯到底的外部情节,没有刻意追求的戏剧高潮,以人物的情感线和思绪线为框架,将回顾的生活画面组合起来,构成了一幅整齐而丰富的人生图景。它的回忆的无序和断续特点,或者说是深化的时间和空间感,使它貌似乱但有内在顺序,看像幻但亦真,使剧情有自己的发展逻辑,单纯而又丰满,写意而又可信。这可以说是我创造角色的理论认识。

有了对剧情内涵的感受及形式的粗浅认识当然还远远不够,要将这些认识和感受融会贯通,不露痕迹地体现在舞台表演语言上,即语言、形体动作、表情方面等,使之成为如斯坦尼斯拉夫斯基所述的"通过简单明了然而又是强有力和令人信服的形式表达出来的人的精神活动",并且"具有丰富幻想的质朴"。尽管生活的真实与艺术的真实是两个概念,但艺术的真实是从对生活的观察和感受中而来。我向来认为文艺工作者应比普通人多一双内心的眼睛。我们知道,《勾魂唢呐》一剧的主人公的典型意义在于它的普通的人性因素。为了演好该剧，我有好长一段时间加入老人早练的人群，还多次走访敬老院，结交了不少操山东口音的平常人家的老妇人，从她们的神态、表情、举止、心境甚至关于家事的只言片语中，体味角色的内与外，寻找能够使角色丰富的素材，每有所得便用笔记下，或在心中反复揣摩。有时，我像着了魔一样在公园的角落里磨戏练内功，有时一个人在屋里练摔、跳、跑、唱、笑等外功，达到忘我的境地时就手舞足蹈，神思恍惚，曾给不少人留下笑资。但这也让我受益匪浅，使我深刻地体会到"生活是艺术创造的不竭的源泉"这一颠扑不破的真理。这里有一个小例子，某次到农村演出，有位大嫂看了我的小品演出后颇受感动。为了表达对我的表演的赞许，她使劲推了我肩膀一把，爽朗地笑道："好哇！"她用力过猛让我打了一个趔趄，但这一趔趄使我有所领悟，这一推肩使人物的个性、环境的特点等无声地表达出来了。我把这一细节用在了后来的表演上，收效良好，朴实而有说服力。

　　如上所述，《勾魂唢呐》一剧是独角、独白、独演，需要演员有较全面的艺术适应力。我在此方面虽有得天独厚的条件，但也应该是得益于早年的业余文艺实践。20世纪70年代初，我在大连电业局的文艺宣传队里唱歌，扮演过歌剧《洪湖赤卫队》的主角韩英。这对我熟悉舞台、练就歌喉大有裨益，但更主要的是为我以后的专业演出打下了"文武昆乱不挡"的多方位戏路和"任戏就敢上"的心理根基。后来，大连歌舞团和大连话剧团几乎同时向我招手时，经再三考虑，我最终选择了话剧团。理由很简单：话剧演员的艺术寿命长些，年轻可以演小姑娘，老了可以演老太太，谁知如今应验了这句话，冥冥之中自有天意。

近二十年的专业舞台生活经验告诉我，表演艺术的客观规律的体现及角色真实感人是以具体技术作为根本保障的。正如斯坦尼斯拉夫斯基在《我的艺术生活》一书中所提到的："不需要纯熟技巧的艺术是不存在的，使这种技巧臻于至善的最后诀窍也是不存在的。"这就是说艺术在技巧上的提高永无止境，并且也不易于把握。因为它是诉诸心灵的东西，所以它也就像心灵一样纷繁复杂，机动多变，转瞬即逝。前些日子在进京领取话剧金狮奖的研讨会上，我的发言就提到在上海戏剧学院进修期间感到没学到多少东西。这些话使与会的同行和专家们为之一怔。接下来我说在《勾魂唢呐》一剧的排练演出中才觉得在学院系统的学习和科学的训练是多么重要。可以这么讲，我业余时期的唱、念、做、打，四十几年的生活感受和观察，近二十年的舞台生涯的积淀以及一部优秀作品所激出的心灵火花是由一只无形的手织成的一个有机整体。它在我的意识中要求我，规范我，启迪我，告诫我，它随处可见但又无影无形。它沉在心里最底层而又浮现在舞台上的每一个举手投足、每一句道白和每一掠表情上。它，就是不甯科学的艺术，遵循或背离它的客观规律是艺术创作成败的关键所在。

《勾魂唢呐》一剧首次正式演出，幕布徐徐拉开，此刻以后的一个多小时里，编、导的创作意图，剧组同仁们的辛勤劳动，我个人的摸、爬、滚、打和上千名观众的殷殷期望必须有个较圆满的交代。我别无选择，必须敛神屏气，无我无私，以"体验"的意识进入角色的内心世界。这既是斯氏表演体系的精华，即所谓"内心视象",也是以写实风格入戏出戏的基点。这是一个怎样的精神世界啊？！九十多载的风霜雨雪,人生的悲欢离合……我的确老了,我的眼神昏花,白发皤然,身形佝偻,步履踉跄。我把酒忆旧,喃喃自语,恍惚间我听见那唢呐响声忽远忽近,欲招我的魂魄同往。但那内心不熄的生命之火恰好被这酒、这追忆、这唢呐之声点燃。它使时间之轮倒转去适应我心理上的随意的时空观念。我用"梅派"戏曲的碎步圆场来概括这一转换。刹那间我满头青丝,红方巾披在肩上,我的青春回来了。此刻的入戏我仍是以眼神开始的。少女的清纯、风采和活力被这眼神领导着,像暮色中突然被点亮的灯一样,想象的空间也随着亮了起来。我的身段健康挺拔,步履轻盈,充满生机。接下来伴随着世态炎凉、人际遭遇和岁月的流逝,我的眼神也渐有稳重坚忍的含义。根据剧情的发展,这眼神或喜悦,或不安,或倔强,或悲伤,或多情,或无奈,或柔或刚,或实或虚,它既是体验内心感情的依托,又是转换年龄段、出戏入戏的前导。伴随着相协调的身姿步态、动作道白及舞步唱腔,使体验和表现、内在和外在、写实和写意有机地统一了起来。

在此我想援引戏中"救夫"一节。面对弹孔累累的血衣,我好像看到了生命垂危的我的"老鬼",不由得悲从中来,又决不肯放弃。这种复杂的感情先从内心体验开始,然后逐渐外化成表现意味的形体,最后"我"背起象征"老鬼"的血衣,迈着传统戏曲的碎步、方步、跺步,一步步归家而去。凡此三种表演风格相互融合,神似寓于变形的形似的地方,使无场景变化、无双向和多项交流等不利因素变为表演上的时空更加开阔、更加机动灵活等有利因素，从而达到舞台浓缩人生的戏剧效果。话剧艺术毕竟是语言艺术，绝大部分剧情是由道白来说明和完成的。那么演出该剧时，我除了刻意模仿大连地区的俚语方言的腔调和吐字，以突出地方和民族特色外，还要在语言表达的音色上加以变化。老年时，我的声音应该是低沉沙哑、松弛和不流畅的，这是沧桑感的听觉体现。而年轻时我把发音位置靠前，声音明亮、清脆和高昂，使青春风华显得逼真可信。而在中年时独白的声音是趋于成熟和结实的，接近我的声音本色，道出了明智达观的心声。戏剧犹如人生，角色在她心路历程的从始至终，必然有一种升华和空灵被演绎了出来，这是经过冲突的必然结果。在《勾魂唢呐》剧中的"我"在完成各个年龄段的回顾，还原成九十多岁老妇的时候，的确感到与戏开始时不同的心境。这是完成了戏中"我"的一生的无悔无怨，完成了我在戏中的使命和责任，完成了整个创作集体的劳动，同时也呼应了观众对剧情和角色命运的关注和疑惑之后的感觉。在摘下发套，以"间离"手法回归本色的剧终，我感到不管是否圆满，一个句号毕竟画了出来。由此我又联想到作为话剧演员，如何在当今戏剧多元化发展的形势下，确立表演艺术位置这一切身问题。剧中有句台词是"活出点儿模样来"。大师斯坦尼斯拉夫斯基说："演员的任务不是在幕布落下之后就算完结了，在生活中他也应该成为美的代表者和传播者。"这就要求一个有艺术追求的演员首先要积极地生活，在生活中汲取素材和养料，同时要不断学习，提高艺术修养，了解和熟悉不同表演风格和流派，还必须刻苦磨炼基本功，懂得诸如戏曲、舞蹈、音乐、文学等各种艺术表现手段，才能在舞台上确立自己的位置，跟上时代的发展和艺术形式不断前进的步伐，不辜负广大观众的期望。

写到这里，《勾魂唢呐》那缥缈的唢呐声已渐渐淡去了，但我心中的唢呐声却永无休止。那是艺术的呼唤，使命的呼唤，促使我在今后的艺术道路上不断进步，塑造更多更好的舞台艺术形象。

（在第三届中国话剧金狮奖学术研讨会上发表，《楚天艺术——中国话剧艺术研究会第三届金狮奖评奖暨学术研讨活动专辑》）

作品展示

在大连市电业局文艺宣传队时的演出剧照,在歌剧《洪湖赤卫队》中饰韩英

话剧《救救她》，饰李晓霞

六场话剧《魂牵万里月》，饰评弹艺人申秀莲

五场话剧《天山深处》，饰咪咪

话剧《她含笑死去》，饰孙小娇

话剧《少帅传奇》，饰黑姑娘

六场话剧《透过纱幕的月光》，饰美玉

话剧《一个死者对生者的访问》，饰唐恬恬

话剧《迷财呓梦》，饰李小娟

话剧《昨天·今天·明天》，饰寡妇

话剧《岳云》，饰岳银瓶

话剧《大红楼》，饰仙女

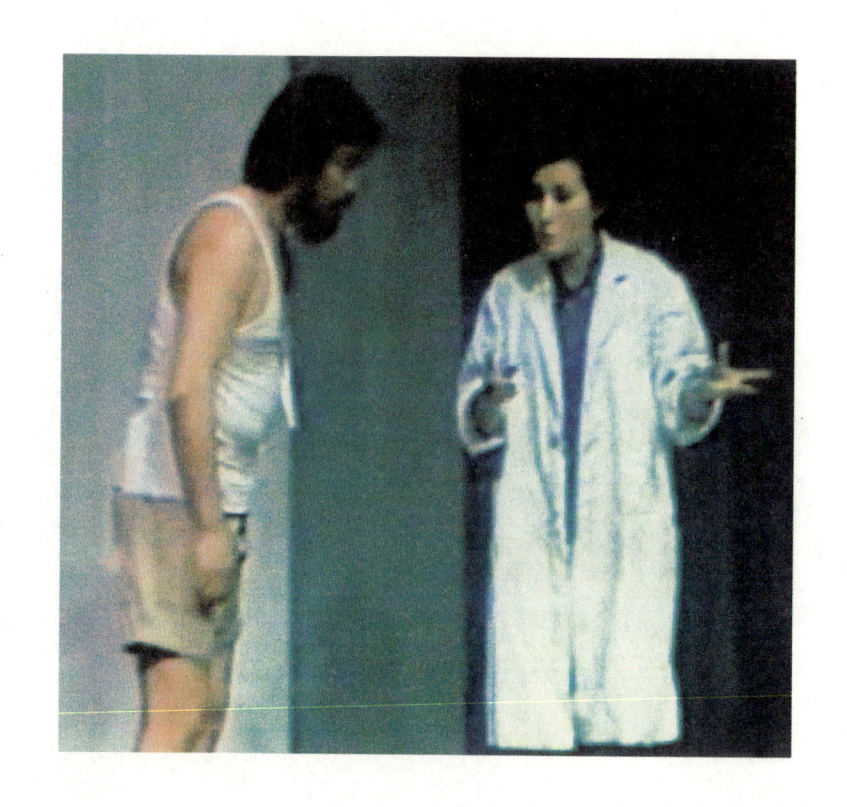

小品《小镇产房》，饰医生

话剧《但丁街凶杀案》，饰女演员玛琳娜

小品《杀鸭》，饰大嫂

话剧《没毛狗》，饰二寡妇

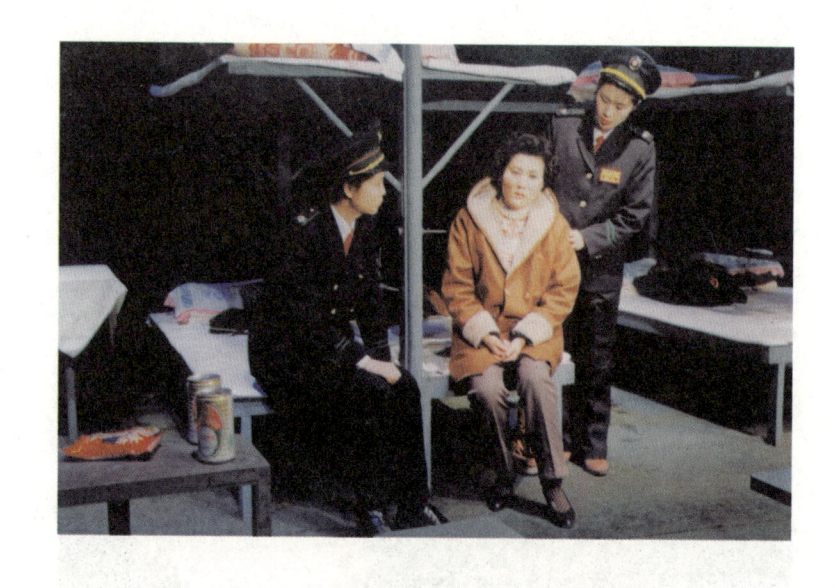

话剧《疯狂过年车》，饰劳动模范魏华

《勾魂唢呐》剧照

十八集电视连续剧《欲海沉浮》，饰女主角李秀兰

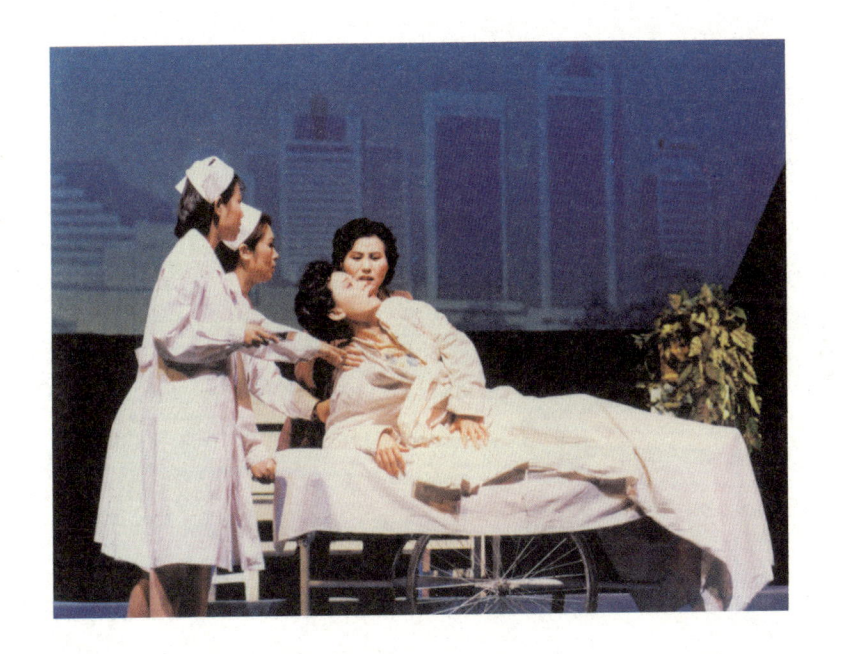

话剧《谭彦》，饰赵阿姨

大型情景诗表演《假如有来生》，饰卫红

全本话剧《雷雨》，饰鲁侍萍

话剧《家在路上》，饰母亲何玉芬

话剧《春月》，饰萍萍

艺术年表

1954年　生于大连市。

1965年　进入大连市少年宫少年合唱团，每周末到人民文化俱乐部为外国友人演出。

1970年　进入大连市电业局文艺宣传队参加文艺演出，在歌剧《洪湖赤卫队》中饰演主角韩英，其中的唱段《看天下劳苦大众都解放》，响遍大连街头，被中国人民解放军前线广播电台采用播放。饰演话剧《电力风云》女主角。

1979年　进入大连话剧团。
　　　　主演话剧《救救她》，饰李晓霞，演出一百六十八场。
　　　　在话剧《赵钱孙李》中饰钱芬。

1980年　在六场话剧《魂牵万里月》中饰评弹艺人。

1981年　在五场话剧《天山深处》中饰咪咪。
　　　　在话剧《她含笑死去》中饰孙小娇。

1982年　由于工作出色，获大连市人民政府表彰。

在话剧《少帅传奇》中饰黑姑娘。

1983年　在六场话剧《透过纱幕的月光》中饰美玉，获大连市首届艺术节表演奖。

1985年　在话剧《一个死者对生者的访问》中饰唐恬恬。

1986年　在话剧《爱的风采》中饰妹妹。

在话剧《迷财吃梦》中饰李小娟。

1987年　在话剧《昨天·今天·明天》中饰寡妇。

在话剧《岳云》中饰岳银瓶。

1988年　获辽宁省首届话剧艺术表演赛三等奖。

1989年　在话剧《大红楼》中饰仙女。

1990年　赴上海戏剧学院进修。

演出小品《小镇产房》，获江浙沪滑稽戏小品大赛二等奖。

1991年　在话剧《但丁街凶杀案》中饰女演员玛琳娜。

1992年　演出小品《杀鸭》，获东北三省戏剧小品大赛明星奖，剧目获优秀演出剧目二等奖。

在话剧《没毛狗》中饰二寡妇。

1994年　在话剧《疯狂过年车》中饰劳模魏华。

在话剧《徐洪刚》中饰军医。

1995年　获辽宁省第五届戏剧玫瑰奖。

在大连话剧团参演话剧《雷雨》，参加日本北九州市演剧节演出。

获辽宁省第三届文化艺术节优秀表演奖。

被评为大连话剧团1994—1995年度先进工作者。

1996年　独角戏《勾魂唢呐》作为辽宁省新剧目进京展演剧目之一，赴北京演出，大获成功。

论文《多彩的人生·多彩的舞台》在《大连艺术》1996年第1期上发表。

获第三届中国话剧金狮奖。

获大连市优秀创作表演奖。

独角戏《勾魂唢呐》作为代表祖国大陆演出剧目之一，应邀进京参加在北京举行的"一国四方"（祖国大陆与香港、澳门、台湾地区）"96中国戏剧交流暨学术研讨会"展演活动。这是一次可以载入史册的前所未有的戏剧盛会。与香港、澳门、台湾地区戏剧界交流，这是半个世纪以来的头一次，《勾魂唢呐》是十三台参演剧目中唯一的独角戏，演出引起轰动。

赴北京参加第三届中国话剧金狮奖颁奖大会暨学术研讨会，发表论文《永远勾魂的唢呐》，该论文编入湖北《楚天艺术——中国话剧艺术研究会第三届金狮奖评奖暨学术研讨活动专辑》。

1997年　获第十四届中国戏剧梅花奖。

大连市为我举行了梅花奖获奖表彰大会。

获大连市人民政府特殊津贴。

论文《眼睛、语言——心灵的窗户、思想的通途》在《中国戏剧》1997年第5期上发表。

赴广州领奖，其间参加了由中国剧协举办的"梅花奖演员上讲台下基层"演出活动。参加中国剧协召开的"梅花奖获奖演员座谈会",并代表话剧获奖演员做大会发言。

赴北京参加中国话剧九十周年纪念活动。

1998年　在大连文联影视中心拍摄的十八集电视连续剧《阳光地带》中任副导演。

在十八集电视连续剧《欲海沉浮》中饰女主角李秀兰。

1999年　获首届大连市艺术人才基金会优秀人才奖。

2000年　作为大连市文化交流团成员之一访问澳大利亚。

在话剧《谭彦》中饰赵阿姨。

在大型情景诗表演《假如有来生》中饰卫红。

2001年　执导大型主题晚会《大连 我们共有的家园》。

2002年　在二十集电视连续剧《问问你的心》中任制片主任。

2003年　获大连市第二届新人新剧目展演荣誉奖。

为纪念中国戏剧梅花奖创办二十周年,应邀赴北京,在著名导演徐晓钟执导的由二十三位梅花奖获得者排演的全本话剧《雷雨》中扮演鲁侍萍。

在辽宁电视台《戏苑景观》栏目做嘉宾,谈新版《雷雨》的角色表演。

2004年　任大连市戏剧家协会副主席、秘书长主持协会工作。

在话剧《家在路上》中饰何玉芬。

获辽宁省第六届文化艺术节优秀表演奖。

2005年　执导大型主题晚会《艺术家与百姓面对面》,获大连市文艺界十大活动之一。

2006年	在话剧《春月》中饰萍萍。
	获大连市第三届新人新剧目展演表演一等奖。
	被评为大连市三八红旗手。
	被评为大连市文艺界十位有影响的人物之一。
	获第九届大连市文学艺术最高奖"金苹果"奖。
2007年	在大连市戏剧家协会工作期间组织主办首届中国大连"千品之春"国际京剧票友节大型活动。
2008年	被评为大连市劳动模范。
	参加大连市文艺界赈灾义演。
2009年	退休后在大连艺术学校影视表演专业做专家指导。